京津冀开发区智库丛书

丛书主编　池宇

开发区产业高质量发展研究

徐生霞 / 姜玉英 / 陆小莉 / 李泽锦 / 刘强　著

首都经济贸易大学出版社

Capital University of Economics and Business Press

·北京·

图书在版编目（CIP）数据

开发区产业高质量发展研究 / 徐生霞等著. -- 北京：首都经济贸易大学出版社, 2025.5. -- ISBN 978-7-5638-3889-9

Ⅰ．F127.9

中国国家版本馆CIP数据核字第2025BL1415号

开发区产业高质量发展研究
KAIFAQU CHANYE GAOZHILIANG FAZHAN YANJIU
徐生霞　姜玉英　陆小莉　李泽锦　刘　强　著

责任编辑	晓　地
封面设计	砚祥志远·激光照排 TEL: 010-65976003
出版发行	首都经济贸易大学出版社
地　　址	北京市朝阳区红庙（邮编100026）
电　　话	（010）65976483　65065761　65071505（传真）
网　　址	https://sjmcb.cueb.edu.cn
经　　销	全国新华书店
照　　排	北京砚祥志远激光照排技术有限公司
印　　刷	北京九州迅驰传媒文化有限公司
成品尺寸	170毫米×240毫米　1/16
字　　数	220千字
印　　张	13
版　　次	2025年5月第1版
印　　次	2025年5月第1次印刷
书　　号	ISBN 978-7-5638-3889-9
定　　价	83.00元

图书印装若有质量问题，本社负责调换

版权所有　侵权必究

丛书编委会

编委会顾问
沈宝昌　丁立宏

编委会主任
池　宇

编委会委员（按姓氏笔画排序）
马立平　刘　强　阮　敬　安鸿章　任　韬
祝尔娟　黄石松　戚聿东　崔　虎　樊　革
潘津良

总 序
General Introduction

位于华北平原的北京市、天津市、河北省，即京津冀地区，同属京畿重地，东濒渤海，西靠太行，自古以来地缘相接、人缘相亲、渊源久远、一脉相承。新中国成立以后，特别是改革开放以来，京津冀地区社会经济快速发展，以约占2.3%的国土面积，实现了约占全国10%的经济总量，成为中国北方经济规模最大、最具活力的地区，成为中国政治、文化、国家交往、科技创新、经济发展核心和辐射带动区。

2014年2月26日，习近平总书记在北京考察工作时指出：实现京津冀协同发展，是面向未来打造新的首都经济圈、推进区域发展体制机制创新的需要，是探索完善城市群布局和形态、为优化开发区域发展提供示范和样板的需要，是探索生态文明建设有效途径、促进人口经济资源环境相协调的需要，是实现京津冀优势互补、促进环渤海经济区发展、带动北方腹地发展的需要，是一个重大国家战略，要坚持优势互补、互利共赢、扎实推进，加快走出一条科学持续的协同发展路子来。

2015年4月30日，中共中央政治局会议审议通过《京津冀协同发展规划纲要》，明确了京津冀协同发展的战略意义、总体要求、定位布局和相关任务，描绘了京津冀协同发展的宏伟蓝图，为形成京津冀协同发展强大合力提出了行动指南。

国家级开发区作为体制改革的试验田、对外开放的窗口、经济发展的引擎，30多年来，为国民经济的发展做出了突出贡献。目前，国家级开发区（包括219个国家级经济技术开发区、145个国家级高新区）的GDP总量约占全国的25%，已成为科学技术创新、产业转型升级、企业提质增效、对外交流开放乃至国民经济整体发展的主力军、主战场和动力源。

在推动京津冀协同发展的历史潮流中，国家级开发区自觉地承担起应有的历史使命。2015年7月16日，京津冀13个国家级经济技术开发区与中国开发区协会、京津冀三地开发区协会等，在北京共同发起成立了"京津冀开发区创新发展联盟"。2016年4月1日，国务院办公厅印发了《关于完善国家级经济技术开发区考核制度促进创新驱动发展的指导意见》（国办发〔2016〕14号），文件中明确提出："鼓励国家级经开区按照国家区域和产业发展战略共建跨区域合作园区和合作联盟。依托京津冀开发区创新发展联盟，促进常态化的产业合作、项目对接和企业服务，提升区域合作水平。"

新中国成立特别是改革开放以来，中国产业特别是制造业得到了跨越式的发展。2010年，中国超越美国成为全球制造业产出最高的国家。目前，中国制造业占全球制造业的比重已超过20%。在国际标准工业分类中，中国制造业在7个大类中占世界比重名列第一，钢铁、水泥、汽车等220多种工业品产量居世界第一位。

中国产业在快速发展中也显现出一些突出问题。与世界先进水平相比，中国制造业大而不强，在自主创新、资源利用、产业结构、质量效益、工匠精神和品牌建设等方面差距明显，转型升级和跨越发展任重道远。开发区作为产业发展的排头兵，在产业革命的机遇和挑战面前理应继续走在前面。

京津冀开发区产业协同发展和转型升级的关键在于创新，在于对国家重大战略的研究、落实，在于经济社会资源的整合、共享，在于发展和服务模式的探索、尝试。

"京津冀开发区智库丛书"将以京津冀开发区产业发展为核心，"立足区域、服务全国、辐射全球"，聚焦国家战略、反映历史进程、剖析实际问题、研究发展规律、探索创新路径。智库丛书内容涉及综合发展、产业经济、区域经济、投资促进、企业转型、技术创新、质量品牌、人力资源、投资融资和政策法规等多要素、多角度、多领域。

"京津冀开发区智库丛书"编写工作将以"京津冀开发区创新发展联盟"和首都经济贸易大学合作组建的"产业发展研究中心"为主要工作团队，坚持"政产学研用"协同创新原则，汇聚各方力量，互学互鉴，充分交流，共同探索创新发展新路径，共同培育创新发展新引擎。

京津冀开发区智库丛书编委会

2017年3月19日

General Introduction

Beijing City, Tianjin City and Hebei Province, known as the Jing-Jin-Ji region, located on the North China Plain, is the capital city and its environs. The east of the region is near Bohai and the west of it is near the Taihang Mountains. Since ancient times, they share the geographical boarders, population's interactions , the same history， and the same culture. Since the founding of The People's Republic of China, especially since China's reform and opening to the outside world, the social economy in Jing-Jin-Ji region has been enjoying rapid development. The limited 2.3% land area has yielded about 10% of the country's total economic output. Commonly regarded as the core area of politics, culture, international interaction, science and technology innovation, it has been the largest and most dynamic region in North China's economy, and it is also the core radiation area of national economic development.

On February 26, 2014, General Secretary Xi Jinping pointed out during his inspection work in Beijing: Achieving the coordinated development of Jing-Jin-Ji region is to build a new capital economic circle for the future, to push forward the innovation system and mechanism of regional development， to explore and perfect the layout and shape of the urban agglomeration and to provide an example and model for optimizing the development of the regional development; to explore and improve the layout and form of city group, to explore the ecological civilization construction, to promote the coordination of population, economy, resources and environment; to realize the complementary advantages of Jing-Jin-Ji region, to promote the development of the Bohai Economic Zone and to drive the development of the northern hinterland. It is a major national strategy to adhere to the principle of complementary advantages and solid progress, to speed up a scientific and sustained way of coordinated development.

In April 30, 2015, *The Jing-Jin-Ji Collaborative Development Plan* was approved by the Political Bureau of the Central Committee Meeting, clarifying the strategic significance of the coordinated development of Jing-Jin-Ji region, the general requirements, the location layout and the related tasks. It also described the grand blueprint of Jing-Jin-Ji coordinated development, putting forward guidelines for the formation of powerful force for the coordinated development of this region.

As the experimental field of the system reform, the window of opening to the outside world and the engine of economic development, the state-level development zones have made outstanding contributions to the development of the national economy over the past 30 years. At present, the National Development Zones (including 219 state-level Economic and Technological Development Zones, 145 national high-tech zones) produce 25% of China's GDP. These zones have been the main force, the main battlefield and the power source of the scientific and technological innovation, the industrial transformation, the updating of enterprise quality and efficiency, the foreign exchanges and opening up, and even the overall development of the national economy.

In the historical trend of promoting the coordinated development of Beijing, the Jing-Jin-Ji region, the state-level development zones have consciously undertaken their historical mission. In July 16, 2015, 13 state-level Economic and Technological Development Zones in the Jing-Jin-Ji region, working together with China Development Zone Association and the Jing-Jin-Ji Development Zone Association,established The Innovation and Development League of the Jing-Jin-Ji Development Zone. On April 1, 2016, the document of *On Improving the*

Assessment System of National Economic and Technological Development Zone Guidance to Promote the Development of Innovation was issued by the State Council. It clearly pointed out that "the national economic development zones are encouraged to build cross regional cooperation parks and cooperation alliances in accordance with national, regional and industrial development strategies, that the Jing-Jin-Ji Development and Innovation League will play an active part in promoting the normalization of industrial cooperation, project docking and enterprise services, to enhance regional cooperation level".

Since the founding of the People's Republic of China, especially since the reform and opening to the outside world, China's industry, in particular the manufacturing sector, has made a tremendous development. In 2010, China overtook the United States as the world's largest producer of manufactured goods. At present, China's manufacturing sector has accounted for more than 20% of the total amount of the whole world. In the international standard industrial classification, the proportion of China's manufacturing industry in the world ranks first among the 7 major categories, and more than 220 kinds of industrial products, such as steel, cement and automobiles, rank first in the world.

The rapid development of the industry has also highlighted some problems. Compared with the internationally advanced level, Chinese manufacturing industry is large in scale but not competitive. There exists an obvious gap between China and the developed countries in independent innovation, resource utilization, industrial structure, quality, efficiency, the artisan spirit and brand building. Transformation, upgrading and leapfrog development have a long way to go. As the vanguard of industrial development, the development zone should continue to move ahead in the face of opportunities and challenges of the industrial revolution.

There are several keys to the transformation and upgrading of the coordinated development of Jing-Jin-Ji Industrial Development Zone, including the innovation, the research and the implementation of major national strategy, the integration of economy and society, the resources sharing, the exploration and experiments of the development and service mode.

The Jing-Jin-Ji Development Zone Think Tank Series focuses on the industrial development of the Jing-Jin-Ji Development Zone, adhering to the principle of maintaining the foothold area, interacting comprehensively, radiating globally, focusing on the national strategy and reflecting the historical process. The series will analyze the practical problems, study the nature of development models and explore the innovative methods. *The Think Tank Series* covers mutiple factors, mutiple angles and mutiple domains, including the comprehensive development, industrial economy, regional economy, investment promotion, enterprise restructuring, technological innovation, brand quality, human resources, investment and financing investment, policies and regulations.

The major working team involved in the compilation of *The Jing-Jin-Ji Development Zone Think Tank Series* is the Industrial Development Research Center, founded by the Tianjin Development Zone Innovation Development Alliance and Capital University of Economics and Business. We will adhere to the principle of collaborative innovation of politic, industry, teaching and research, to converge forces from all aspects, to strengthen mutual exchanging and learning from each other, to have full and Complete exchange, to explore the new path of the innovation and development, and to foster new types of engines of innovation and development.

The Editorial Board of the Jing-Jin-Ji Development Zones Think Tank Series

March 19, 2017

前 言
Preface

高质量发展是"十四五"乃至更长时期我国经济社会发展的主题。2025年政府工作报告指出:"必须深入贯彻习近平经济思想,紧抓高质量发展这个首要任务,坚持以质取胜和发挥规模效应相统一,实现质的有效提升和量的合理增长。"在此背景下,开发区凭借制度创新先行区、要素配置枢纽和开放经济示范区的三重定位,成为实践高质量发展的重要载体。在全球价值链深度调整与技术范式变革的双重驱动下,开发区产业高质量发展已突破传统经济功能定位,演进为统筹发展安全、质量跃升与效益优化的复合战略体系。这要求开发区立足国家现代产业体系布局,通过精准要素匹配提升生产率,推动传统产业升级与新兴产业培育并进,深化数字技术与实体经济融合创新,最终实现从规模驱动向创新引领的能级跃迁,为经济高质量发展提供实践范式。

本书聚焦开发区产业高质量发展的时代命题,从开发区经济高质量发展背景出发,讨论了开发区产业高质量发展的现状和挑战,从国内国际两个维度总结开发区建设的现有经验;以产业高质量发展的历史脉络梳理为出发点,在系统阐释了产业高质量发展理论内涵的基础上,以五大发展理念为基准,构建了开发区产业高质量发展的综合评价指标体系;基于要素配置、转型升级、数字化发展、法治建设等方面,探讨了影响开发区产业高质量发展的外部机制；剖析了具有代表性的开发区产业发展案例，探讨了开发区如何在复杂多变的经济环境中主动适应信息化时代的新要求，通过策略性产业调整与创新驱动，实现经济结构的优化与升级；最后从优化要素配置，提升发展效能，推动创新驱动，促进产业升级，强化区域协同，夯实法治保障等方面给出了对策建议。

本书在写作过程中得到了中央财经大学贾尚晖教授，北京师范大学赵楠教授，首都经济贸易大学刘强教授、马立平教授、张宝学教授，国家统计局城市司高级统计师刘建伟，开发区企业发展服务局高级统计师池宇，北京开发区法治建设研究会秘书长崔虎等专家学者的指导与帮助，在此表示诚挚的感谢。此外，还要特别感谢首都经济贸易大学出版社杨玲社长和薛捷老师。首都经济贸易大学统计学院研究生王斯、孟莹、张娅茹、郝欣宇、邵文清，北京联合大学副教授陆小莉，北京物资学院讲师李泽锦参与了本书的编写工作。没有他们的帮助和付出，本书不可能很快出版。

由于作者水平有限，书中难免存在不妥之处，恳请各位同行和读者批评指正。作者联系邮箱：cuebxueshengxia@163.com。

Preface

High-quality development is the overarching theme of China's economic and social development during the 14th Five-Year Plan period and beyond. The 2025 Government Work Report emphasized that "we must thoroughly implement Xi Jinping's economic thought economic philosophy, prioritize high-quality development as the primary task, adhere to the unity of quality-driven growth and leveraging economies of scale, and achieve effective qualitative improvement alongside reasonable quantitative growth." Against this backdrop, development zones, with their triple positioning as pioneers in institutional innovation, hubs for factor allocation, and demonstration zones for an open economy, have become crucial platforms for advancing high-quality development.

Driven by the dual forces of deep adjustments in global value chains and transformative shifts in technological paradigms, the high-quality development of industries in development zones has transcended traditional economic functions, evolving into a comprehensive strategic framework that balances development security, qualitative leaps, and efficiency optimization. This requires development zones to align with the national modern industrial system, enhance productivity through precise factor allocation, simultaneously upgrade traditional industries and nurture emerging ones, and deepen the integration of digital technologies with the real economy. Ultimately, this will facilitate a shift from scale-driven growth to innovation-led advancement, providing a practical model for high-quality economic development.

This book focuses on the contemporary imperative of high-quality industrial development in development zones. Starting from the broader context of high-quality economic development in these zones, it examines their current status and challenges, drawing on domestic and international experiences in development zone construction. The book constructs a comprehensive evaluation index system based on the Five Development Concepts by tracing the historical trajectory of high-quality industrial development and systematically elucidating its theoretical foundations. It explores external mechanisms influencing high-quality industrial development in development zones, covering factor allocation, industrial transformation and upgrading, digitalization, and legal frameworks. The book also analyzes representative case studies of industrial development in development zones, discussing how these zones can proactively adapt to the demands of the information age amid complex and volatile economic environments. Development zones can optimize and upgrade their economic structures through strategic industrial adjustments and innovation-driven approaches. Finally, the book offers policy recommendations, including optimizing factor allocation to enhance efficiency, promoting innovation-driven industrial upgrading, strengthening regional coordination, and reinforcing legal safeguards.

During the writing process, this book received guidance and support from numerous experts and scholars, including Professor Jia Shanghui from the Central University of Finance and Economics, Professor Zhao Nan from Beijing Normal University, Professors Liu Qiang, Ma Liping, and Zhang Baoxue from the Capital University of Economics and Business, Senior Statistician Liu Jianwei from the Urban Department of the National Bureau of Statistics, Senior Statistician Chi Yu from the Enterprise Development Service Bureau of Development Zones, and Cui Hu, Secretary-General of the Beijing Development Zone Legal Construction Research Association. We extend our sincere gratitude to them. Special thanks also go to President Yang Ling and Editor Xue Jie from the Capital University of Economics and Business Press, as well as graduate students Wang Si, Meng Ying, Zhang Yaru,

Hao Xinyu, and Shao Wenqing from the School of Statistics at the Capital University of Economics and Business. We also acknowledge the contributions of Associate Professor Lu Xiaoli from Beijing Union University and Lecturer Li Zejin from Beijing Wuzi University, who participated in writing this book. Without their dedication and efforts, this book would not have been published so promptly.

Due to the limitations of the authors' expertise, there may be shortcomings in this book. We sincerely welcome criticism and feedbacks from peers and readers. The author's contact email is: cuebxushengxia@163.com.

Contents 目 录

1 开发区产业高质量发展背景与需求　1
1.1　现代化进程中的开发区产业高质量发展　3
1.2　开发区建设有效助推经济高质量发展　5
1.3　开发区产业高质量发展的国内外经验　7
1.4　本章小结　17

2 开发区产业发展的脉络与现状　19
2.1　开发区产业发展的历史进程　21
2.2　开发区产业政策的发展脉络　22
2.3　开发区产业布局与结构特征　25
2.4　本章小结　33

3 开发区产业高质量发展的内涵与评价　35
3.1　产业高质量发展的理论内涵　37
3.2　开发区产业高质量发展的综合评价　41
3.3　开发区产业高质量发展的外部机制　46
3.4　本章小结　51

4 开发区产业高质量发展：要素配置　53
4.1　劳动力配置　55
4.2　资本配置　62
4.3　技术配置　68
4.4　本章小结　73

5　开发区产业转型升级高质量发展　75

5.1　开发区产业转型升级的核心动力　77
5.2　开发区产业转型升级的实施路径　85
5.3　开发区产业转型升级的成功实践经验　110
5.4　本章小结　120

6　开发区产业数字化转型的高质量发展　121

6.1　数字化转型的战略意义　123
6.2　开发区数字化转型的核心技术与应用　127
6.3　开发区数字经济演进特征探究　131
6.4　数字化转型的实施策略　136
6.5　本章小结　142

7　开发区产业发展典型案例　143

7.1　传统制造业转型升级的典型案例　145
7.2　发展战略性新兴产业的典型案例　154
7.3　培育未来产业的典型案例　160
7.4　本章小结　167

8　推进开发区产业高质量发展的对策建议　169

8.1　优化要素配置，提升发展效能　171
8.2　推动创新驱动，促进产业升级　172
8.3　强化区域协同，夯实合作基础　174
8.4　本章小结　175

参考文献　177

Contents

Chapter 1 Background and Demand for High-Quality Industrial Development in Development Zones 1

1.1 High-Quality Industrial Development in Development Zones During Modernization 3

1.2 The Effective Role of Development Zones in Promoting High-Quality Economic Development 5

1.3 Domestic and International Experiences in High-Quality Industrial Development in Development Zones 7

1.4 Chapter Summary 17

Chapter 2 The Evolution and Current Status of Industrial Development in Development Zones 19

2.1 The Historical Progression of Industrial Development in Development Zones 21

2.2 The Development Trajectory of Industrial Policies in Development Zones 22

2.3 Industrial Layout and Structural Characteristics of Development Zones 25

2.4 Chapter Summary 33

Chapter 3 The Connotation and Evaluation of High-Quality Industrial Development in Development Zones 35

3.1 The Theoretical Connotation of High-Quality Industrial Development 37

3.2 Comprehensive Evaluation of High-Quality Industrial Development in Development Zones 41

3.3 External Mechanisms for High-Quality Industrial Development in Development Zones 46

3.4 Chapter Summary 51

Chapter 4 High-Quality Industrial Development in Development Zones: Factor Allocation 53

4.1 Labor Allocation 55

4.2 Capital Allocation 62

4.3 Technology Allocation 68

4.4 Chapter Summary 73

Chapter 5 High-Quality Industrial Development in Development Zones: Transformation and Upgrading 75

5.1 Core Drivers of Industrial Transformation and Upgrading in Development Zones 77

5.2 Implementation Pathways for Industrial Transformation and Upgrading in Development Zones 85

5.3 Successful Practices in Industrial Transformation and Upgrading in Development Zones 110

5.4 Chapter Summary 120

Chapter 6 High-Quality Industrial Development in Development Zones: Digital Transformation 121

6.1 The Strategic Significance of Digital Transformation 123

6.2 Core Technologies and Applications of Digital Transformation in Development Zone 127

6.3 Exploring the Evolutionary Features of the Digital Economy in Development Zones   131
6.4 Implementation Strategies for Digital Transformation   136
6.5 Chapter Summary   142

Chapter 7 Case Studies of Industrial Development in Development Zones   143

7.1 Case Studies of Traditional Manufacturing Transformation and Upgrading   145
7.2 Case Studies of Strategic Emerging Industry Development   154
7.3 Case Studies of Future Industry Cultivation   160
7.4 Chapter Summary   167

Chapter 8 Policy Recommendations for Advancing High-Quality Industrial Development in Development Zones   169

8.1 Optimizing Factor Allocation to Enhance Development Efficiency   171
8.2 Promoting Innovation-Driven Industrial Upgrading   172
8.3 Strengthening Regional Coordination and Solidifying Cooperation Foundations   174
8.4 Chapter Summary   175

References   177

1 开发区产业高质量发展背景与需求

▲ 现代化进程中的开发区产业高质量发展
▲ 开发区建设有效助推经济高质量发展
▲ 开发区产业高质量发展的国内外经验
▲ 本章小结

2017年12月，习近平总书记在中央经济工作会议上指出："推动高质量发展是当前和今后一个时期确定发展思路、制定经济政策、实施宏观调控的根本要求。"开发区高质量发展是一项系统工程，任务艰巨、责任重大，关系到中国式现代化建设的速度和质量。本章首先从开发区经济高质量发展的背景出发，阐述开发区的发展战略定位；在此基础上，从国内国际两个维度给出开发区建设的现有经验。

1.1 现代化进程中的开发区产业高质量发展

党的二十届三中全会提出，高质量发展是全面建设社会主义现代化国家的首要任务，必须以新发展理念引领改革，立足新发展阶段，深化供给侧结构性改革，完善推动高质量发展激励约束机制，塑造发展新动能新优势。2024年3月5日，国务院总理李强在政府工作报告中25次提及"高质量发展"，明确"完成今年发展目标任务，必须深入贯彻习近平经济思想，集中精力推动高质量发展"。2023年底召开的中央经济工作会议深入总结了对新时代做好经济工作的规律性认识，明确提出"必须把坚持高质量发展作为新时代的硬道理""必须把推进中国式现代化作为最大的政治"。这是基于我国经济发展面临的内外部环境变化，深入分析现代化进程中影响高质量发展的主要矛盾后作出的重大判断，对于以中国式现代化全面推进强国建设、民族复兴伟业具有重大而深远的意义。

开发区作为改革开放的空间载体之一，是深度参与国际分工与全球化的重要体现，更是构建现代产业体系，推进社会主义现代化的制度尝试，在促进产业集聚、促进商品贸易和外资流入、带动消费等方面均发挥了重要作用（范欣等，2023；张潇等，2024）。中国的开发区类型多样，如国家级经济技术开发区（以下简称"国家级经开区"）、自由贸易试验区、高新技术产业开发区（以下简称"国家高新区"）等，不同开发区各具特色且均为国家经济发展作出了显著贡献。具体而言，开发区凭借其区位优势、资源优势及政策优势，不仅在吸引外资、吸纳就业、刺激市场需求、带动区域经济发展等方面取得了显著成绩，而且对于提升企业全要素生产率也有显著促进作用（梁巧玲等，2024）。

国家高新技术开发区经过30余年发展，已经成为我国实施创新驱动发展战略的重要载体,在转变发展方式、优化产业结构、增强国际竞争力等方面发挥了重要作用,走出了一条具有中国特色的高新技术产业化道路。截至2023年11月,中国共有高新技术产业开发区178家,具体省份分布情况见表1.1。

表1.1 中国高新技术产业开发区的省级分布

省份名称	开发区数量	省份名称	开发区数量	省份名称	开发区数量
北京	1	安徽	8	四川	8
天津	1	福建	7	贵州	3
河北	5	江西	9	云南	3
山西	2	山东	13	陕西	7
内蒙古	3	河南	9	甘肃	2
辽宁	8	湖北	12	宁夏	2
吉林	5	湖南	9	青海	1
黑龙江	3	广东	14	新疆	5
上海	2	广西	4	西藏	1
江苏	17	海南	1		
浙江	8	重庆	4		

数据来源：中华人民共和国科学技术部网站。

2020年发布的《国务院关于促进国家高新技术产业开发区高质量发展的若干意见》（以下简称《意见》）指出,到2025年的发展目标为:国家高新区布局更加优化,自主创新能力明显增强,体制机制持续创新,创新创业环境明显改善,高新技术产业体系基本形成,建立高新技术成果产出、转化和产业化机制,攻克一批支撑产业和区域发展的关键核心技术,形成一批自主可控、国际领先的产品,涌现一批具有国际竞争力的创新型企业和产业集群,建成若干具有世界影响力的高科技园区和一批创新型特色园区。到2035年的发展目标为:建成一大批具有全球影响力的高科技园区,主要产业进入全球价值链中高端,实现园区治理体系和治理能力现代化。

在开发区的高质量发展中,产业发展具有举足轻重的地位。《意见》明确指出,要从大力培育发展新兴产业、做大做强特色主导产业两方面推进产业迈向中高端，促进产业高质量发展；推动数字经济、平台经济、智能经济和分享经济持续壮大发展，引领新旧动能转换；发挥主导产业战略引领作用，带动关联产业协同发展，形成各具特色的产业生态；支持以领军企业为龙头，以产业链关键产品、创新链关键技术为核心，推动建立专利导航产业发展工作机制，集成大中小企业、研发和服务机构等，加强资源高效配置，培育若干世界级创新型产业集群。由此可见，开发区产业高质量发展是一项系统工程，任务艰巨、责任重大，需要持之以恒、久久为功。要全面落实好开发区产业高质量发展的各项任务，改革创新发展，为实现中国式现代化作出新贡献。

1.2 开发区建设有效助推经济高质量发展

开发区作为我国改革开放的重要窗口和经济发展的重要引擎，在经济高质量发展中的定位至关重要，不仅关乎其自身的发展方向，也影响着区域乃至全国的经济布局和产业结构优化。开发区在经济高质量发展中的定位体现在五个方面。

第一，创新驱动发展。开发区作为创新驱动发展的重要载体，在创新驱动发展中扮演着重要的角色，有助于理解地方政府行为、企业创新策略和中国经济增长模式。因此，开发区应成为创新驱动发展的示范区，通过引进和培育创新型企业、推动科技创新和产业升级，形成新的增长点和竞争优势。具体而言，开发区的功能定位是以产业发展为主，成为本地区制造业、高新技术产业和生产性服务业的集聚发展平台，实施制造强国战略和创新驱动发展战略的重要载体。同时，开发区通常具有政策优惠，可以吸引企业和投资者，促进产业集聚和技术创新。此外，开发区还被要求科学规划功能布局，突出生产功能，统筹生活区、商务区、办公区等城市功能建设，促进新型城镇化发展。为促进开发区的创新驱动发展，政府已经出台了一系列政策和措施。例如，国务院办公厅于2014年发布了《关于促进国家级经济技术开发区转型升级创新发展的若干意见》，旨在推动国家级经济技术开发区转型升级、创新发展，成为带动地区经济发展和实施区域发展战略的重要载体。

第二，区域协调发展。开发区应发挥其在区域经济发展中的引领作用，推动区域协调发展，促进城乡一体化，缩小区域发展差距，实现共同富裕。

开发区不仅是经济发展的重要引擎，还是推动区域均衡发展的关键力量，在区域协调发展中扮演着重要角色。开发区在区域协调发展中的几个主要作用表现为：促进产业升级和经济发展，推动区域间协调联动，促进就业和社会稳定。具体而言，一方面，开发区拥有较为完善的基础设施和优惠政策，吸引了大量的投资和企业入驻。这些企业带来了资本、技术和人才，推动了当地产业的升级和经济的快速发展。另一方面，开发区通过与其他地区的合作共建、对口援疆援藏援助边（跨）境合作区等方式，能够更好地落实国家京津冀协同发展战略、长江经济带发展战略、粤港澳大湾区发展战略、长三角一体化发展战略等区域协调发展战略，推动地区间协调联动，实现东中西部的协同增长。与此同时，开发区的发展还带动了当地就业，提高了居民收入水平，有助于维护社会稳定。

第三，绿色可持续发展。开发区应坚持绿色发展理念，加强生态环境保护，推动资源节约和循环利用，实现经济发展与生态环境的和谐共生。开发区不仅是经济发展的重要引擎，还是生态环境保护的重点区域，在绿色可持续发展中扮演着重要角色。开发区通过优化产业结构、提升治理能力、推动绿色转型创新发展等方式，对所在区域乃至全国的经济贡献度显著增强，成为推动经济社会绿色低碳转型发展的重要载体。开发区绿色升格可显著降低园区内、园区外企业的污染排放，进而实现城市总体的污染减排。例如，国家级经开区在绿色高质量发展方面取得了显著进展，许多开发区被评为国家级绿色示范区相关称号，如国家生态工业示范园区、国家绿色工业园区、国家低碳工业园区等。此外，开发区还通过构建循环利用体系、绿色制造、绿色低成本运输、绿色低碳技术发展等方式，实现了经济社会发展的有序绿色转型。

第四，推进高水平对外开放。开发区应充分利用其地理位置和政策优势，加强与国际国内的经贸合作，打造开放合作的新高地，吸引外资和高端人才，推动形成高水平对外开放新格局。开发区在开放合作中的作用主要体现在五个方面：经济发展的强大引擎（陈熠辉等，2023；沈鸿等，2024），对外开放的重要载体，体制改革的先行区，区域协调发展的"加速器"，创新提升打造改革开放新高地。下一步，商务部将紧紧围绕贯彻落实《国务院关于推进国家级经济技术开发区创新提升打造改革开放新高地的意见》，更好发挥国家级经开区稳外资、稳外贸的平台作用。

第五，促进发展成果共享。开发区作为区域经济发展的重要引擎和开放型经济的高地，其建设不仅促进了产业集聚、技术创新与国际化进程，还深刻影响着区域经济的均衡发展与民生福祉的提升，有效推动了发展成果的广泛共享。开发区通过引入高新技术产业、现代服务业等高端产业，推动区域内产业结构的优化升级，不仅提高了经济效益，还创造了大量高质量的就业岗位。同时，开发区内的企业注重员工培训与技能提升，进一步提升了劳动力的综合素质和就业竞争力，为长远发展奠定基础。开发区在自身快速发展的同时，也通过产业链延伸、技术溢出、市场辐射等方式，带动周边地区共同发展。例如，通过建立产业园区共建共享机制，引导产业链上下游企业向周边布局，形成产业集群效应，不仅扩大了经济发展的受益面，还促进了资源的高效配置和区域经济的均衡增长。此外，开发区还通过基础设施的互联互通、公共服务的共享等方式，提升了周边地区的生活品质，让更多人享受到开发区建设带来的便利。开发区作为科技创新的重要平台，聚集了大量的科研机构、高校和企业研发中心。这些创新主体在开发区内形成了良好的创新生态，加速了新技术、新产品的研发与产业化进程。科技创新的成果不仅提升了企业的核心竞争力，还通过技术转让、合作研发等方式，惠及更多中小企业和创业者，促进了整个社会的科技进步与产业升级。同时，科技创新带来的新产品和服务能满足人民日益增长的美好生活需要，提高了人民群众的获得感和幸福感。

1.3 开发区产业高质量发展的国内外经验

为加速开发区的转型升级与高质量发展进程，充分展现其作为经济建设前沿阵地、核心战场与驱动引擎的关键作用，并有力支撑现代化建设的全面提速，各地依据相关法律法规及政策导向，紧密结合本地实际，相继出台了一系列针对性强、操作性高的条例措施。在此过程中，一系列富有成效的经验做法应运而生，且这些经验普遍蕴含共通之处。

1.3.1 国内层面

在国内层面，以北京、辽宁、山东、上海等地为例，它们在推进开发区高质量发展方面展现了高度的目标一致性与实践创新性。具体而言，这些地区均将高质量发展作为核心追求，不断强化创新驱动战略的实施，持续优化营商环境，积极促进产业集聚效应的形成，并高度重视绿色发展的可持续性。这些共同点不仅彰显了四地推动开发区高质量发展的共同理念与坚定决心，也为我们提供了宝贵的实践范例与行动指南。

1.3.1.1 北京经开区高质量发展

作为北京市唯一被赋予国家级经济技术开发区殊荣的区域，北京亦庄在推动高质量发展的征程上，深耕细作，精准发力，通过积极转变发展动力，探索创新模式，提升发展层次，致力于加速培育新质生产力，为区域经济的蓬勃发展注入强劲动能。同时，北京亦庄持续优化营商环境，打造高效便捷的服务体系，以卓越的吸引力汇聚国内外一流企业和顶尖人才，共同构筑高质量发展的坚实基石。这一系列扎实有效的举措，不仅彰显了北京亦庄在高质量发展道路上的坚定步伐，更为其持续领跑区域经济提供了有力支撑。其主要着力点与发展举措见表1.2。

表1.2 北京经开区高质量发展着力点与具体举措

序号	着力点	具体举措
1	聚焦高水平科技自立自强，国家战略任务实现新突破	（1）加快打造全国集成电路产业高地 （2）全面建设国家信创基地 （3）加速推进高级别自动驾驶示范区建设
2	聚焦高精尖产业发展，创新型产业集群建设迈上新台阶	（1）持续推进新一代信息技术产业提质发展 （2）大力推动高端汽车和新能源汽车产业转型发展 （3）全面推进生物技术和大健康产业创新发展 （4）加快推动机器人和智能制造产业突破发展 （5）积极促进数字经济蓬勃发展 （6）系统推动未来产业领航发展 （7）产业融合赋能制造业高质量发展
3	聚焦创新驱动战略，为国际科创中心主平台建设积蓄新动能	（1）积极推进"三城一区"联动发展 （2）充分发挥企业创新主体作用 （3）不断完善产业金融赋能体系 （4）全面优化创新人才服务体系
4	聚焦深化改革开放，优化营商环境激发新活力	（1）"两区"建设跑出"加速度" （2）"放管服"改革按下"快进键" （3）营商环境优化树立新样板 （4）产业组织体系提升竞争力 （5）国资国企改革激发新动能

意见》深入贯彻党的二十大精神，认真落实党中央、国务院关于开发区工作的决策部署，推进开发区产业转型升级，科技自立自强，绿色低碳转型，协调平衡发展，扩大对外开放，努力将开发区建设成为实体经济高质量发展的示范区和引领区，绿色低碳高质量发展先行区建设的排头兵，并将在八方面集中发力（见表1.4）。

表1.4 山东开发区高质量发展着力点与具体举措

序号	着力点	具体举措
1	加强统筹规划管理	（1）按照规定规范推进开发区设立、扩区、调区、升级、退出等工作，支持未设立开发区的县（市、区）设立开发区 （2）优化开发区区域布局、功能定位，推动各地产业协调联动发展
2	深化体制机制改革	（1）坚持发展实体经济为主的功能定位，具备条件的开发区逐步剥离社会事务管理职能 （2）加大简政放权力度，将有利于高质量发展、符合开发区功能定位的经济管理权限，依法下放给开发区 （3）支持开发区与行政事业单位之间人才流动，调动和激发开发区人员干事创业活力
3	强化要素保障	（1）厘清财政事权和支出责任，合理核定开发区财力分成和经费保障基数，加大对开发区的支持 （2）省引导基金对开发区产业项目、注册设立在开发区的基金进行支持 （3）促进开发区土地节约集约利用，加快低效用地再开发，鼓励"零征地"技改项目 （4）支持工业用地采取长期租赁、先租后让、租让结合、弹性年期出让等方式供应
4	大力发展实体经济	（1）实施标志性产业链突破工程，打造一批"链主"企业。健全优质企业梯度培育体系 （2）推动工业互联网一体化进园区，开展制造业数字化转型行动，支持开发区大力发展数字核心产业 （3）培育一批省级新型工业化产业示范基地，积极争创国家新型工业化产业示范基地 （4）修订全省开发区主导产业指导目录，加快培育主导产业明确、错位发展、分工协作的产业集群体系
5	推动创新驱动发展	（1）优先在开发区布局各类重点创新平台，鼓励开发区创新主体参与重大科技项目和攻关任务 （2）优先在开发区布局科技成果转化联合体，支持有条件的开发区率先建设一批中试基地、工业互联网创新中心等科技成果转化服务机构 （3）统筹发挥创投类基金作用，吸引社会资本投向开发区科技型项目

续表

序号	着力点	具体举措
6	推进绿色低碳发展	（1）大力推行清洁生产，开展行业、园区和产业集群清洁生产审核模式创新试点 （2）鼓励龙头企业联合上下游企业、行业间企业开展协同减污降碳 （3）支持开发区创建生态工业园区，鼓励开发区发展高效节能、先进环保和资源循环利用产业
7	推动高水平对外开放	（1）支持对外贸易创新提质，依托开发区打造外向型先进制造业集群、进出口基地、跨境电商产业园 （2）组织开发区参加国家和省重大"双招双引"活动，招引落地一批高质量大项目 （3）支持建设人才引领型开发区，鼓励开发区引进、培育跨国公司地区总部及外资功能性机构、研发中心
8	强化考核推进	（1）完善开发区信息统计体系，加强数据共享应用 （2）对开发区分类考核，强化工业经济、项目投资等考核力度，进一步树立推动实体经济高质量发展的导向 （3）健全正向激励和反向约束机制，对排名落后的开发区，根据情形进行约谈、通报或组织调整

资料来源：根据《关于深化开发区管理制度改革 推动开发区高质量发展的实施意见》整理。

1.3.1.4 上海特色产业园区高质量发展

2023年11月，上海市印发《上海市特色产业园区高质量发展行动方案（2024—2026年）》（以下简称《上海方案》）。《上海方案》提出，到2026年，上海市特色产业园区达到60个左右，集聚高新技术企业和专精特新中小企业5 500家左右，国家级和市级创新研发机构达到360家以上，规模以上工业总产值突破万亿元。方案共提出5大重点任务（见表1.5）。

表1.5 上海特色产业园区高质量发展着力点与具体举措

序号	着力点	具体举措
1	实施集群化发展强化行动	（1）抓好标志性产业链布局。实施一批补链、固链、强链重点项目，培育集成电路、创新药和高端医疗装备、新能源和智能网联汽车、民用航空等标志性产业链10条以上，创建国家先进制造业集群 （2）打造特色产业地标。发挥上海市产业地图导向作用，引导各区围绕重点产业定位，市、区联动提升特色产业园区投资规模、建设水平和产业能级 （3）营造特强产业生态。引进培育一批具有核心技术、带动效应强的龙头企业，培育集聚一批创新能力突出、成长潜力大的优质中小企业，支持专精特新中小企业做大做强

续表

序号	着力点	具体举措
2	实施园区创新能级提升行动	（1）构建多层次产业科技创新平台。推动特色产业园区建设一批国家级和市级制造业创新中心、产业创新中心和技术创新中心，集聚一批国家重点实验室、新型研发机构和高水平研发中心，提升园区"科技浓度" （2）加快园区数字化转型。提高园区"上云用数赋智"水平，深化园区数字底座建设，推动园区公共数据、社会数据等汇集整合、开放利用 （3）创新绿色低碳发展。推动园区清洁能源开发利用和节能技术改造，重点发展氢能、储能、绿色材料等绿色低碳产业，推进先进技术和工艺突破，推广绿色制造，开发绿色产品，培育绿色工厂，打造绿色供应链
3	实施要素供给优化配置行动	（1）优化产业空间布局。按照产业导向和发展需求，推进生物医药、集成电路、高端装备等产业项目标准厂房建设，提升优质项目承载能力 （2）加大金融创新供给。支持园区开发运营主体通过挂牌上市、基础设施领域不动产投资信托基金（REITs）、银行信贷、债券发行、信托保险等方式拓展融资渠道 （3）加快园区产业人才集聚。着力构建产业和人才融合发展生态，聚力园区高质量发展。依托产业人才政策举措，持续推进招才引智，招引一批特色产业领军人才和团队 （4）支持园区保障性租赁住房建设。完善特色产业园区及周边保障性租赁住房布局 （5）提高配套设施供给水平。积极发展源网荷储和多能互补，推广以分布式新能源加储能为主体的绿色微电网建设
4	实施园区主体赋能增效行动	（1）加强园区主体建设和管理。打造一批专业化、高能级的特色产业园区主体，培育一批懂产业、善管理、强服务的运营服务团队 （2）打造特色产业园区品牌。深入实施"区区合作、品牌联动"，推动特色产业园区与临港、张江、虹桥等成熟品牌园区实现资源共享、优势互补，带动提升特色产业园区发展能级和运营品质 （3）建立完善产业园区协同招商机制。依托上海市企业服务云、上海市投资促进平台，编制特色产业园区招商手册，推动特色产业园区主体联合打造招商共享平台，深化项目信息资源的整合共享和挖掘利用，探索建立利益分享机制
5	实施政策创新增能行动	（1）加大专项政策支持力度。支持符合条件的特色产业园区纳入张江国家自主创新示范区建设和管理，推动示范区专项政策覆盖特色产业园区 （2）探索园区更新升级政策。建立政府统筹、市场运作、多元参与的产业用地更新机制，以"二转二"为主攻方向，加快"腾笼换鸟" （3）畅通先行先试政策通道。支持位于重要功能区的特色产业园区开展政策集成创新，推进空间规划编制、产业招商运营、存量空间盘活、技术标准、应用场景等试点突破

资料来源：根据《上海市特色产业园区高质量发展行动方案（2024—2026年）》整理。

1.3.2 国际层面

在国际层面，诸如美国硅谷、英国剑桥科技园、印度班加罗尔科技园等全球知名的科技园区，同样为我们提供了丰富的经验与启示。这些园区凭借其独特的创新生态体系，高效的资源配置机制，灵活的政策支持体系，以及前瞻性的绿色发展模式，成功吸引了大量高端人才与创新资源的汇聚，进而推动了区域经济的高质量发展。

1.3.2.1 美国硅谷发展的经验借鉴

美国硅谷（Silicon Valley）是世界上最著名的科技创新中心之一，坐落在加利福尼亚州的南部，已经成为科技创新、创业和高科技产业的代名词。硅谷最初以研究和生产半导体芯片等著称，是当今美国乃至全世界的信息技术产业先锋。硅谷目前拥有超过100万名科技人员，年产值超过7 000亿美元，孕育了包括苹果、谷歌、英特尔、惠普、思科、甲骨文、IBM等在内的大批知名高科技公司，已形成微电子产业、信息技术产业、新能源产业、生物医学产业等产业集群。硅谷的形成与发展壮大，反映了美国科技创新的许多独特经验，具有很强的参考价值。美国硅谷的成功经验提供了四点启示。

（1）创新国防科技投融资机制。在硅谷初创与发展的初期，政府与军方的政策与资金扶持发挥了重要的作用，但自冷战后期尤其是新世纪以来，来自市场的风险投资逐步成为硅谷的主要资金来源，发挥着越来越重要的作用。造成这一变化的根本原因是风险投资更为灵活快捷、更加善于发现新的技术增长点，同时军方的资金总量已经无法与市场中的风险投资现金流相匹配。

（2）建立竞争开放的科研体系。美国硅谷的成功，很大程度上得益于斯坦福大学及其产业园的建立，形成了大学与企业紧密结合的产学研体系与产业链条。大学研发的技术与企业紧密结合，快速转化为产品或实现产业化，并推动新一代产品的研发。硅谷的企业，大多为私营企业，尤其是中小企业，管理方式灵活，相互之间既是竞争对手，又是合作伙伴，彼此共生，形成一套具有生命力的生态系统。

（3）构建创新导向的国防科技法规政策体系。美国移植了英国的知识产权制度，并围绕科技研发，在公开竞争、成果转化、财税制度等方面建立了较为完善的法规政策体系。相关政策制度与美国鼓励创新的文化传统紧密结合，最终孕育了硅谷高技术产业带。

（4）完善军民科技成果转化机制。硅谷的成功是信息技术产业发展的结果，而信息技术产业最初的发起者则是军方的研究实验室，包括计算机、互联网、卫星导航系统等。相关技术在军事领域取得巨大成功后，快速转民用，并进一步推动了军事领域相关技术的更新换代。这种军民深度融合、迭代递增发展的模式，是美国在国防科技与国民经济领域取得巨大成功的重要经验，硅谷正是在这种军民融合的大环境中逐步发展壮大的。

1.3.2.2 英国剑桥科技园的经验借鉴

剑桥科技园位于英国东南部的剑桥郡。过去40多年，科技园区每年增加5 000个就业机会，园区平均每年的国民生产总值增长率达到6%，高出英国3%的国民生产总值增长率。这样一个经济效益日益增加和技术日趋先进的高科技园区已成为英格兰东部地区的发展中心。剑桥地区产业集群的发展带动了英格兰东部地区的发展，并使之成为英国经济增长较快的地区之一。剑桥科学园是剑桥大学1970年创办的英国第一个大学科学园。剑桥大学科学园的宗旨是使学校的科学研究和高技术的科研成果向市场转移，并与工业界交流信息，成为迄今欧洲最成功的科学园，带动了整个剑桥地区的经济发展。根据剑桥大学商业研究中心（CBR）的研究，剑桥集群创新经济快速发展的主要原因有四点。

（1）龙头科创园区强有力的带动。目前，剑桥集群有37个主要园区。其中，以知识密集型行业为重点的20个园区，占37个园区总就业人数的65%。2021—2022年，仅五大生命科学园区（巴布拉汉姆科学园区、剑桥生物医学园区、切斯特菲尔德科学园区、格兰塔园区和惠康基因组园区）就贡献了该地区研发总支出的59%。

（2）加速大学科技成果转化的商业化进程。剑桥生态系统毗邻英国最高学府，靠近剑桥大学的地理优势在助力园区企业成功中发挥了重要作用。通过研究合作关系和知识共享计划等渠道，剑桥产业集群中的企业从学术前沿和知识资本中获益，而学术界则增进了对现实世界的认识，使其能够调整研究和教育计划，有效满足产业需求。

（3）加强资源链接，打造产学研协同社区。在整个剑桥大学建立并促进知识连通，使集群中的所有组织都能获得更广泛的健康技术专业知识，发展和培养更有意义的伙伴关系，开发高效的区域访问系统和数字平台，与各类孵化器、加速器和企业合作。

（4）在地理空间上扩展生态系统，加强园区、社区融合。剑桥创新集群从市中心核心地带扩展到了更广阔的城市区域。虽然生命科学和信息通信技术产业集群历来都集中在市中心，但整体上剑桥地区的企业布局越来越分散，需要企业和政策制定者更严谨地考量，以确保集群覆盖更广泛的周边地区。

1.3.2.3 印度班加罗尔科技园的经验借鉴

班加罗尔科技园位于印度南部的卡纳塔克邦。20世纪90年代初以来，班加罗尔科技园及时抓住全球产业转移趋势，利用本土资源优势，集中发展软件外包这个新的产业业态，现已成为全球最成功的软件外包中心，被称为"亚洲硅谷"。班加罗尔科技园目前约有650万人口，面积174.7平方公里，环境优美。班加罗尔是著名的花园城市，同时也是印度南部工业城市和商业中心。班加罗尔科技园在政策、发展、运营等方面对于国内开发区高质量发展都有许多可借鉴之处。

（1）政策支持全覆盖。从战略定位和产权保护上，2000年，印度政府正式颁布实施《信息技术法》，对非法入侵计算机网络和数据库、传播计算机病毒等违法行为及其惩罚做出了规定，为电子文书和电子合同提供了法律依据。在税收、投资、进出口、政府采购等方面，班加罗尔政府也制定了较为完善的政策措施。投融资方面，允许进口计算机技术的企业资产限额降至100万卢比，科技研发经费的85%由中央及各邦政府提供，设立技术开发和应用基金，出台征收研究税与开发税的条例，同时鼓励科研机构与企业联合创新开发，促进科研成果商业化、产业化。

（2）产、学、研形成产业链闭环。班加罗尔是高等学校和科研机构的集中地，聚集了印度理工大学、班加罗尔大学、农业科学大学、航空学院等10所大学、70所技术院校，以及28个国家级和联邦级的研究机构，被称为印度的科学研究之都和科学之城。丰富的高校和科研资源，不仅供给班加罗尔的需求，还向印度源源不断输送计算机软件人才。除了人才的供给，科研成果的应用更是软件行业的核心竞争力。班加罗尔地区高校内部都设有董事会，董事会里有很多大公司的成员，可以及时在科研活动中反映企业要求；教师队伍中也有不少来自第一线的专家，教学内容与企业的需求和实践联系十分密切。与此同时，班加罗尔地区大学积极鼓励和支持高校师生到该科技园中从事创新、创业活动。

（3）高度自治的协会管理机制。班加罗尔除传统的政府政策扶持、产学研联动发展模式外，还发展了一套具有创新性的协会自治管理机制。在班加罗尔，园区的投资建设是由大公司进行的，但是后期的管理运营则由园区入驻企业组成的产业协会负责，从基础设施建设，保养公共设施，维护园区内公共安全，到开展企业间各类互动活动等全部由园区产业协会承担。目前，该自治机构拥有邦政府授予的征税权，所征得的税款用于园区内基础设施的建设和维护，有关治安、教育、医疗等社会管理工作也由该自治机构承担。除园区运营外，印度的产业协会还承担了促进印度软件业全球离岸市场的全面发展，保持印度软件业外包领导地位的重要工作。

1.4 本章小结

本章通过阐述开发区发展在中国式现代化建设中的地位，给出了国内外主要国家或地区开发区产业高质量发展的经验，得到两点结论：第一，开发区作为我国改革开放的重要窗口和经济发展的重要引擎，在经济高质量发展中的定位至关重要，主要体现在创新驱动、产业升级、对外开放、绿色发展、协调发展等方面；第二，通过梳理国内外开发区的发展经验可知，推动开发区产业高质量发展主要在于明确产业定位，聚焦主导产业，优化营商环境，提升服务水平，强化招商引资，推动项目落地，推动科技创新，提升产业竞争力，实现绿色可持续发展。

2 开发区产业发展的脉络与现状

▲ 开发区产业发展的历史进程
▲ 开发区产业政策的发展脉络
▲ 开发区产业布局与结构特征
▲ 本章小结

开发区作为高水平对外开放的窗口与战略平台，正以前所未有的力度推动经济高质量发展，成为巩固外贸外资基本盘的中坚力量。当前，开发区的发展态势展现出总量持续扩大，质量稳步提升，开放带动作用日益显著的鲜明特征。从全国范围审视，我国开发区的分布呈现出"东多西少、东强西弱"的梯次格局：东部地区凭借其先发优势，综合实力显著，汇聚了众多头部标杆园区，在数量占比、经济规模、对外开放程度及科技创新等维度上均占据主导地位；中部地区则紧抓时代机遇，近年来加速承接东部地区产业转移，开发区数量不断增加，发展势头强劲，正逐步缩小与东部地区的差距；西部地区开发区起步相对较晚，整体实力有待提升，但随着国家西部大开发战略的深入实施，西部地区的开发区也在积极探索适合自身特点的发展路径，努力提升综合竞争力。

2.1 开发区产业发展的历史进程

开发区作为高水平对外开放的窗口与战略平台，正以强有力的态势推动经济高质量发展，成为稳固外贸外资基本盘的核心支柱。截至目前，开发区已逐步演化为我国优化产业空间布局、加速产业结构升级（周茂等，2018）的关键载体。它们对区域经济的提振、资源配置效率的改善以及技术创新能力的提升（吴敏等，2021）均做出了显著贡献。基于对我国经济发展历程的深入剖析与阶段特征的精准把握，经济开发区的发展历程可划分为探索、推广、完善及高质量四个主要阶段（郭洪伟等，2021）。

2.1.1 产业探索发展阶段（1980—1992年）

这一阶段我国正处于改革开放初期，经济逐步复苏但增长温和，且面临经济结构严重失衡的挑战。为应对这些挑战，国务院在沿海12座重要城市布局设立了14个国家级开发区。这些开发区虽在资金与经济基础方面存在短板，却积极投身于知识密集型与技术密集型产业的培育，有效促进了科技创新成果向现实生产力的转化，为后续的经济社会发展奠定了坚实基础。

2.1.2 产业推广阶段（1993—2002年）

邓小平南方谈话激发了新一轮的对外开放热潮，促进了私营经济的迅速崛起，并吸引了大量外商投资企业的涌入。在此背景下，开发区的布局由国家层面扩展至县市级，构建了一个多层次、全方位的开放体系；开发区着重发展生产制造业，不断推进产业结构的合理化与高质量发展，成功实现了从产业开发向产业集聚的跨越，有效促进了城市产业结构的多元化发展及工业化进程的加速。

2.1.3　产业完善发展阶段（2003—2013年）

这一阶段国家对开发区的设立与发展给予了高度重视，并颁布一系列通知、条例以对其进行清理与整顿，标志着开发区步入了规范调整的新阶段。各地开发区开始积极吸引外商投资，推动对外贸易的蓬勃发展，并探索了产城融合的发展模式。同时，国家高度重视产业结构的调整与优化，基础产业的发展瓶颈得以突破，制造业总规模跃居世界第一，高新技术产业迅猛发展。

2.1.4　产业高质量发展阶段（2014年至今）

这一阶段中国全面深化改革，经济发展进入新常态，开始强调经济结构的优化和可持续发展。国务院发布了促进国家级开发区转型升级的意见，明确新形势下开发区的发展定位，强调体制机制创新和区域协调发展[①]。开发区聚焦知识密集型和技术密集型产业，推动高新技术和新兴产业的发展，将其转化为城市科技生产力的一部分。国家高新区则着力发展特色主导产业，壮大战略性新兴产业，塑造数字经济新优势，前瞻布局未来产业[②]，以创新驱动为导向，实现高质量发展。

2.2　开发区产业政策的发展脉络

开发区自创立以来，在提高自主创新能力与推动产业转型升级方面均取得了显著成效。在持续的发展演进中，我国开发区的每一步成长都与产业政策的适时调整与优化紧密相关。这些政策依据开发区发展的不同阶段而各具

---

① 国务院.关于促进国家级经济技术开发区转型升级创新发展的若干意见：国办发〔2014〕54号[EB/OL].(2014-10-30)[2024-11-02].https://www.gov.cn/gongbao/content/2014/content_2786832.htm.

② 科技部."十四五"国家高新技术产业开发区发展规划：国科发区〔2022〕264号[EB/OL].(2022-09-21)[2024-11-02].https://www.gov.cn/zhengce/zhengceku/2022-11/10/content_5725958.htm.

特色，具体见表2.1。

表2.1 开发区各阶段产业政策

阶段	时间（年）	主要政策要点	政策来源
产业探索发展	1980—1992	工业稳步发展，优化产业结构	《中华人民共和国中外合资经营企业法》《中华人民共和国外资企业法》《中华人民共和国中外合作经营企业法》
产业推广拓展	1993—2002	改革开放加快，调整和升级产业结构	国家"九五"计划提出"积极推进经济增长方式转变，把提高经济效益作为经济工作的中心"
产业完善发展	2003—2013	发展高新技术产业，振兴装备制造业	2004年，政府工作报告指出，要按照走新型工业化道路的要求，推进国民经济和社会信息化，促进产业结构优化升级。2008年，政府工作报告提出，坚持走中国特色新型工业化道路，推进信息化与工业化融合
产业高质量发展	2014至今	提升自主创新能力，加大开放创新力度	《关于促进国家高新技术产业开发区高质量发展的若干意见》《关于支持国家级经济技术开发区创新提升更好发挥示范作用若干措施的通知》

在产业探索发展阶段，我国正处于从计划经济向市场经济过渡的关键时期，市场经济体制尚待完善，政府在这个阶段产业发展中扮演了举足轻重的角色。1979年7月1日，《中华人民共和国中外合资经营企业法》经第五届全国人民代表大会第二次会议审议通过，标志着我国对外开放、吸引外资的初步尝试；随后，1986年4月12日颁布的《中华人民共和国外资企业法》和1988年4月13日颁布的《中华人民共和国中外合作经营企业法》，分别经第六届全国人民代表大会第四次会议和第七届全国人民代表大会第一次会议审议通过。这三部法律的颁布与实施不仅为中外合资企业、外资企业和中外合作经营企业（统称为"三资企业"）提供了法律框架，还奠定了开发区招商引资和产业升级的坚实基础。1986年4月，中央"七五"计划首次系统论述了"产业结构和产业政策"，涵盖了农业、消费品工业、能源、原材料工业等领域，明确提出产业结构调整的方向与原则，即在维持农业全面增长和轻工业、重工业稳定发展的基础上，着重优化各产业的内部结构。进入1991年，中央"八五"计划进一步强调大力调整产业结构，推动产业结构合理化并逐

步迈向现代化，并将产业结构调整置于未来十年经济建设的核心位置。同年7月，《中华人民共和国外商投资企业和外国企业所得税法》第七条与第八条的实施，为开发区内的生产性外商投资企业提供了15%的所得税率优惠，以及"两免三减半"的税收减免政策。这些举措对开发区的整体发展及其企业的茁壮成长起到了至关重要的推动作用。

在产业推广拓展阶段，我国伴随着改革开放的深化，致力于建立和完善社会主义市场经济体制，强调产业结构调整与升级，以应对全球经济结构调整与新兴产业的迅猛发展带来的挑战。1993年，政府工作报告明确提出"积极发展第三产业"，旨在拓宽服务领域，发挥多元经济成分的作用。随后，"九五"计划（1996年）与"十五"计划（2001年）相继强调了经济增长方式的转变与产业结构的关键性调整，标志着我国产业发展战略向更高层次迈进。

在产业完善发展阶段，我国产业结构调整成效显著，高新技术产业迅速崛起，传统工业加速转型，现代服务业蓬勃发展。此期间，政府工作报告与相关政策文件不断强调新型工业化道路、信息化与工业化融合的重要性，明确提出要发展高新技术产业、振兴装备制造业、改造提升传统产业，并大力发展现代服务业，逐步提高其在国民经济中的比重。党的十八大报告（2012年）进一步明确了创新驱动发展战略，构建了现代产业发展新体系的蓝图，强调内需、现代服务业、战略性新兴产业、科技进步与节约资源等多重动力对经济持续发展的重要性。

在产业高质量发展阶段，全球环境复杂多变，科技革命与产业变革深入发展，我国经济步入高质量发展阶段，处于转变发展方式、优化经济结构、转换增长动力的关键时期。2020年，国务院出台《关于促进国家高新技术产业开发区高质量发展的若干意见》，从提升自主创新能力、激发企业活力、推进产业升级、加大开放创新力度等方面提出具体措施。2022年，商务部等10部门联合发布的通知，聚焦于提升产业创新能力，培育产业集群，推进绿色低碳循环发展，鼓励应用新技术，强化产业集聚优势，推动制造业转型升级与新兴产业集群化发展。2024年，政府工作报告进一步强调，以科技创新为引领，大力推进现代化产业体系建设，加快发展新质生产力，不断提高全要素生产率，塑造发展新动能，实现社会生产力的新跃升。这一系列政策不仅服务于开发区产业发展的阶段性目标，更在广阔范围内产生了深远影响，有效推动了我国产业结构的持续优化与升级。

2.3 开发区产业布局与结构特征

2.3.1 开发区的产业布局分析

2.3.1.1 国家级经济技术开发区的产业布局分析

截至2022年末，我国230个国家级经济技术开发区的地区生产总值累计达到15.01万亿元，实现了8.7%的同比增长。

首先，从地域分布看（见图2.1），江苏和浙江两省凭借各自超过20个的国家级经开区数量，创造了万亿级的生产总值，对全省经济的贡献率超过20%，显示出强大的经济实力和其在区域经济发展中的核心作用。同时，新疆、天津、青海三地的国家级经开区虽然地区生产总值相对较低，但占全省（区）国民生产总值的比重也超过20%，表明经开区在这些地区的经济发展中同样扮演着举足轻重的角色。进一步按照东、中、西部三大区域进行剖析可见，东部地区的经开区在地区生产总值和对省内经济的贡献上均表现出色；中部地区则相对居中；西部地区除四川省、新疆维吾尔自治区及青海省外，其余省份的经开区在地区生产总值和贡献程度上均呈现较低水平。

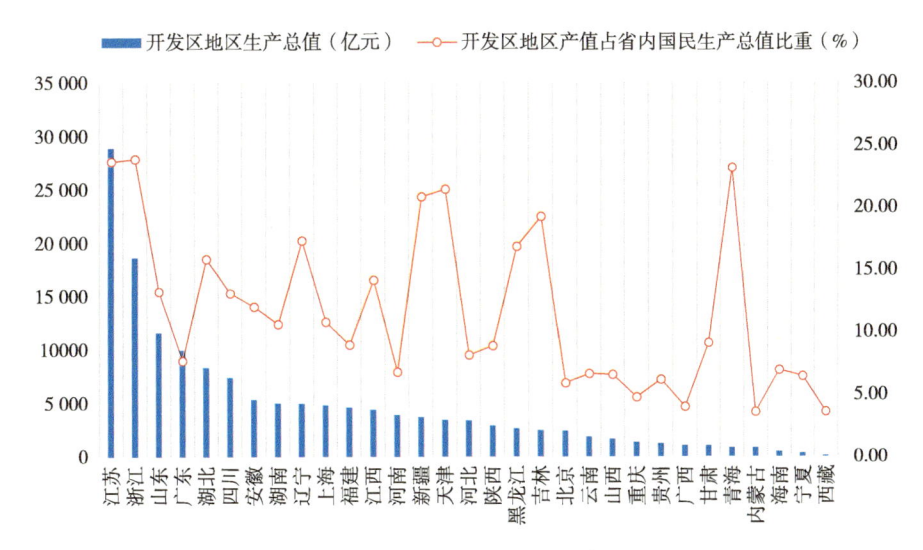

图2.1 分省份经开区产值情况

数据来源：2023年《中国商务年鉴》。

其次，从产值排名看（见图2.2），2022年产值排名前20的国家级经开区中，东部地区占据3/4的名额，且拥有多家产值突破2 000亿元的开发区。这主要得益于东部地区优越的地理条件和坚实的工业基础。

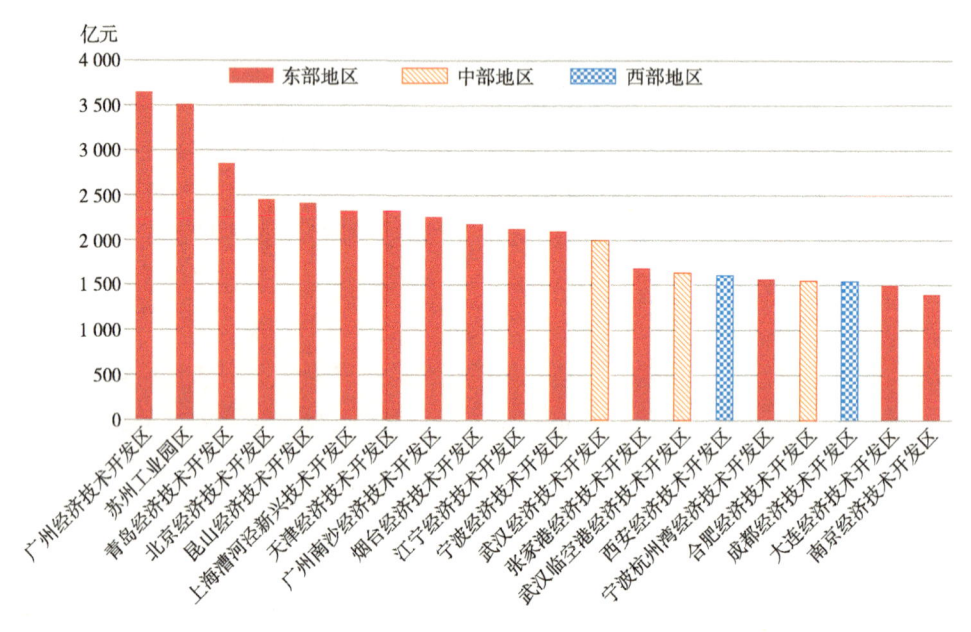

图2.2　2022年生产总值排名前20的国家级经济技术开发区

数据来源：2023年《中国商务年鉴》。

最后，在产业结构方面（见图2.3，图2.4），长期以来，国家级经开区致力于制造业的发展，使得第二产业始终占据主导地位。具体而言，2022年，经开区第二产业增加值高达9.21万亿元，实现了9.4%的同比增长，占整体生产总值的61.30%。相比之下，第三产业增加值则为5.59万亿元，同比增长7.3%，占生产总值的37.25%。第二产业与第三产业之间的占比差距达到了24.05个百分点，数据有力地验证了经开区作为国家制造业核心载体的战略重要性。同时，经开区在第三产业的发展上也展现出多元化、高端化的趋势。从现代服务业到高端制造业，经开区不断推进产业升级与创新，从而成为引领区域经济发展的关键力量。

进一步，分别从区域差异（图2.3）与省份角度（图2.4）进行深入分析，可见东部经开区第三产业占比达到40%，而中部和西部地区经开区第三产业产值占比仅为32.93%与32.13%，与东部地区相差较大。这与东部地区的经济

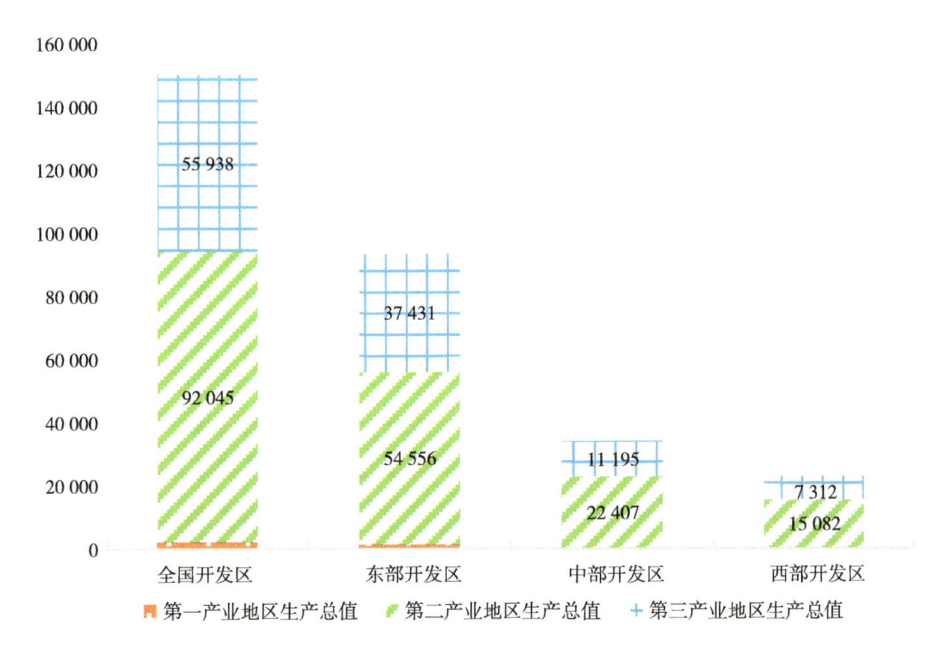

2 开发区产业发展的脉络与现状 | 27

图2.3　2022年国家级经济技术开发区三产占比

数据来源：2023年《中国商务年鉴》。

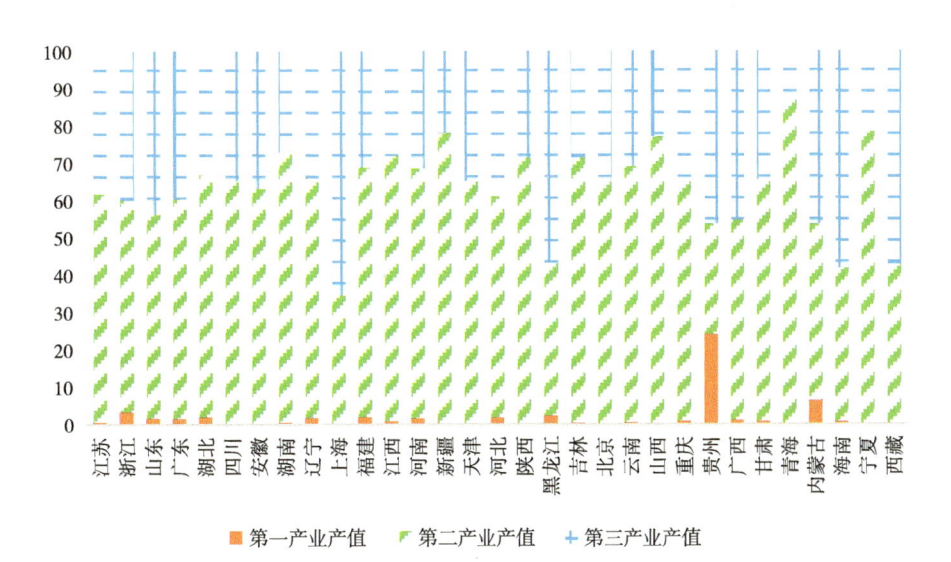

图2.4　2022年各省份国家级经济技术开发区三产比例（%）

数据来源：2023年《中国商务年鉴》。

发达程度和产业结构优化有关，东部地区凭借其优越的地理位置、丰富的资源和较高的经济发展水平，为第三产业的快速发展提供了有利条件；2022年各省国家级经开区中，第三产业占比超过50%的省份有4个，超过40%的省份达8个，充分显示出经开区在第三产业领域的快速发展态势。

2.3.1.2 国家高新技术开发区的产业布局分析

国家高新技术开发区是我国在知识密集、技术密集的大中城市和沿海地区设立的，旨在推动高新技术产业发展的特定区域。高新技术的范畴涵盖了微电子科学和电子信息技术、空间科学和航空航天技术、材料科学和新材料技术、光电子科学和光机电一体化技术、生命科学和生物工程技术、能源科学和新能源及高效节能技术、生态科学和环境保护技术、地球科学和海洋工程技术、基本物质科学和辐射技术、医药科学和生物医学工程，以及在传统产业基础上应用的新工艺、新技术等领域。

截至2022年底，我国已建立了177个国家高新技术产业开发区，其营业收入达到53.36万亿元，同比增长7.78%；工业总产值为31.40万亿元，同比增长7.01%；净利润为3.78万亿元，同比增长5.53%。如图2.5所示，自2009年以来，我国高新区的营业收入与工业总产值呈现迅猛的增长态势，逐渐成为国民经济发展的重要支柱。

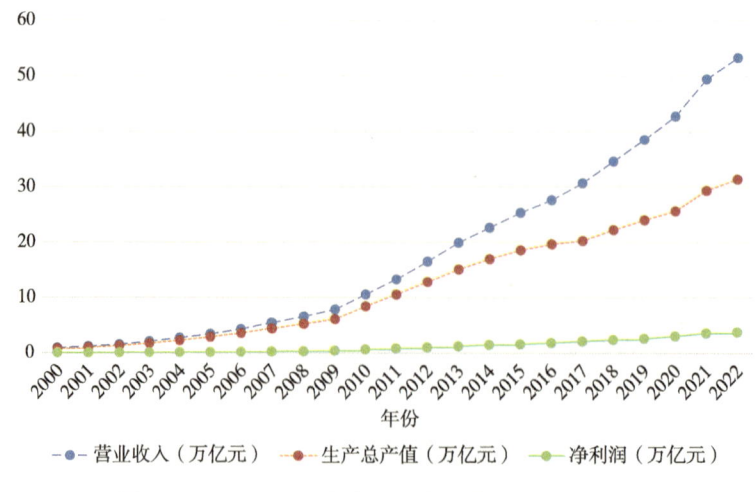

图2.5 2000—2022年高新区主要经济指标发展趋势

数据来源：2023年《中国火炬统计年鉴》。

图2.6详细展示了2022年各省份高新区营业收入和工业总产值的情况。从图中可以看出，2022年国家高新区营业收入排名前五的省份均位于东部地区，依次为北京、广东、江苏、上海和山东，营业收入分别为8.75万亿元、6.67万亿元、5.63万亿元、4.64万亿元和3.17万亿元，合计占比超过全国高新区总体营业收入的50%。同时，在工业总产值方面，广东、江苏和山东三个东部省份也占据了前三位，其中广东和江苏的工业总产值均超过了4万亿元，显著领先于其他省份。中部地区与西部地区在高新区营业收入和工业总产值上的表现相对均衡，但地区内部发展存在不平衡现象。例如，湖北的高新区营业收入超过3万亿元，工业总产值超过2万亿元；山西、安徽、四川等省份的高新区经济指标也达到了万亿量级；而宁夏、西藏、青海等则相对落后。

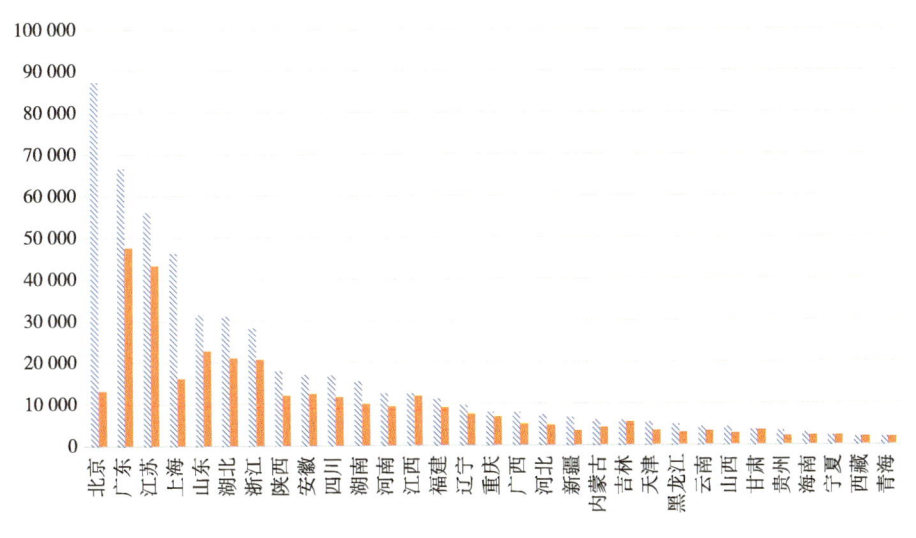

图2.6　2022年各省份高新区经济指标对比

数据来源：2023年《中国火炬统计年鉴》。

表2.2列出了2022年主要经济指标排名前20的国家高新区情况。从表中可以看出，营业收入、工业总产值、净利润等指标排名前20的园区对全国高新区总量的占比贡献分别高达56.01%、43.46%、60.17%。其中，北京中关村高新区表现尤为突出，仅一个园区就创造了2022年全国国家高新区总营收的16.39%、总产值的4.20%和净利润的16.49%。按照区域划分，主要经济指标排名前20的园区中，东部园区数量占据很大比重，营业收入与净利润所占比例

均达到75%。此外，成都（西部园区）、西安（西部园区）、武汉（中部园区）、合肥（中部园区）等城市的高新区在多项经济指标上也表现不俗，实力不容小觑。

表2.2 排名前20国家高新区主要经济指标　　　　单位：亿元

排名	营业收入		工业总产值		净利润	
1	北京中关村	87 462.94	深圳	16 516.79	北京中关村	6 240.50
2	上海张江	45 305.42	上海张江	15 962.24	上海张江	2 847.22
3	深圳	24 612.84	北京中关村	13 190.43	深圳	2 043.53
4	广州	15 045.69	广州	8 254.14	西安	1 103.73
5	武汉	13 094.74	南京	7 852.54	成都	1 082.16
6	南京	12 509.87	西安	7 058.89	广州	1 052.08
7	西安	11 280.51	苏州工业园	6 241.87	武汉	1 003.66
8	杭州	9 752.42	合肥	5 934.76	合肥	904.10
9	成都	9 231.45	杭州	5 521.30	杭州	901.32
10	合肥	8 803.53	成都	5 306.80	苏州工业园	703.12
11	济南	7 762.22	宁波	5 232.80	济南	701.97
12	苏州工业园	7 488.01	无锡	4 964.06	南京	627.13
13	宁波	7 023.25	济南	4 709.84	宁波	620.90
14	长沙	6 068.86	武汉	4 629.56	长春	506.26
15	青岛	5 806.54	佛山	4 596.49	石家庄	421.23
16	无锡	5 758.22	南昌	4 533.80	无锡	414.28
17	天津滨海	5 707.60	长春	4 379.60	青岛	403.89
18	佛山	5 706.45	重庆	3 903.17	乐山	403.73
19	乌鲁木齐	5 260.69	青岛	3 864.73	佛山	398.25
20	潍坊	5 176.20	襄阳	3 821.40	珠海	392.71

2.3.2 开发区的结构特征分析

在当前国内外经济环境复杂多变的背景下，中国经济已步入传统产业转型升级的新常态阶段。开发区作为经济发展的重要引擎，其外部环境正经历着深刻变革。面对产业特色不够鲜明，空间布局不尽合理，以及体制优势逐渐削弱等挑战，开发区需主动适应这个新常态，积极应对资源环境约束及可持续发展面临的新课题，深入推进供给侧结构性改革，以破解体制机制障碍和要素瓶颈制约。

依据2022年商务部发布的制造业产值数据（见图2.7），我国开发区产业结构的地域特征显著。东部地区开发区在计算机、通信和其他电子设备制造业，化学原料和化学制品制造业、汽车制造业，电气机械和器材制造业，石油、煤炭及其他燃料加工业五大行业领域，已构建起相对成熟的产业体系，总产值规模达到万亿级别。其中，新一代信息技术、智能制造、高端汽车及新能源汽车三大产业集群，在东部地区的产业链优势日益凸显。中部地区凭借其优越的地理位置，完善的交通基础设施，较强的生态承载力，以及良好的经济基础，能够有效承接东部地区的溢出产业，实现自身进一步发展。在此背景下，中部地区开发区在汽车制造业与计算机、通信和其他电子设备制造业两大领域形成了万亿级产值规模，同时电气机械和器材制造业的产值也成功突破了5 000亿元大关。相比之下，西部地区开发区受地理位置偏远，交通基础设施相对滞后，以及自然条件限制等因素影响，其产业发展路径呈现一定的特殊性。结合当地资源禀赋，西部地区开发区在电气机械和器材制造业领域实现了5 000亿元产值，同时计算机、通信和其他电子设备制造业，有色金属冶炼和压延加工业，通用设备制造业，在2022年的产值也均达到了4 000亿元水平。

与此同时，从2022年商务部经济技术开发区采矿业产值的数据看（图2.8），区位差异对开发区产业结构的影响同样显著。西部地区开发区依托当地丰富的自然资源，主要聚焦于煤炭开采和洗选业与石油和天然气开采业，两大产业产值分别达到953.82亿元与1 936.00亿元。中部地区则侧重于黑色金属矿采选业与有色金属矿采选业，产值分别为49.65亿元与185.13亿元。东部地区开发区则凭借其人力资源和技术资源的显著优势，主要开展开采辅助活动，该领域产值高达244.99亿元。

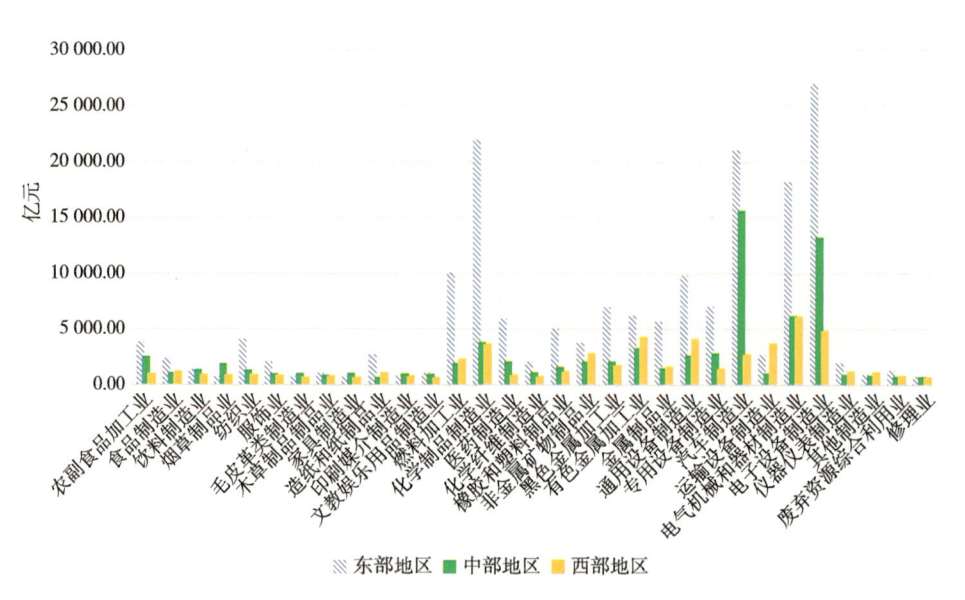

图2.7　2022年国家级经开区制造业产值

数据来源：2023年《中国商务年鉴》。

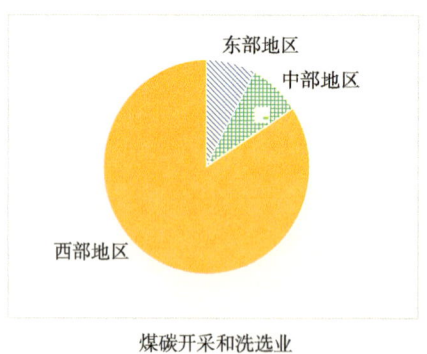

煤碳开采和洗选业

石油和天然气开采业

黑色金属矿采选业

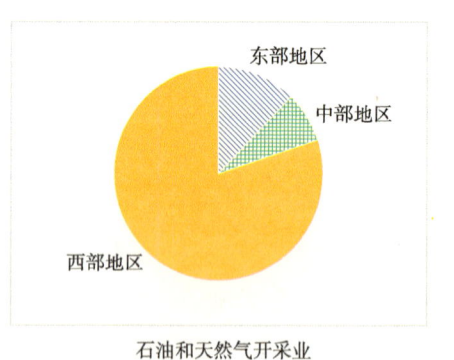

有色金属矿采选业

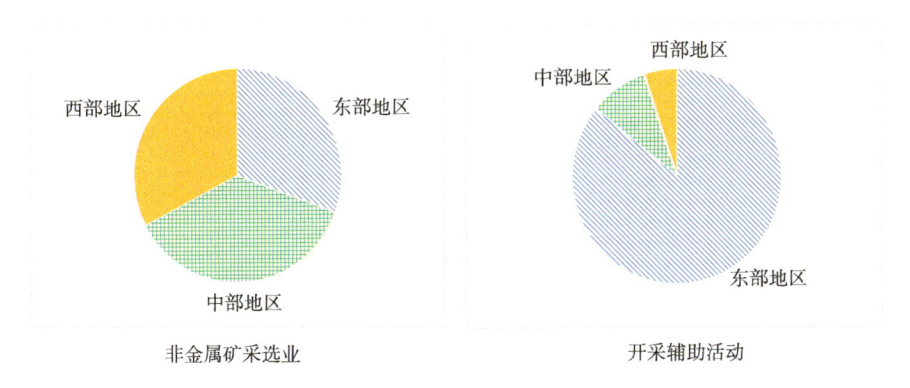

图2.8　2022年经开区采矿业产值占比
数据来源：2023年《中国商务年鉴》。

2.4　本章小结

本章依据开发区产业发展的关键里程碑事件，将产业发展历程系统性地划分为"探索—推广—完善—高质量发展"四个阶段，并深入剖析了各阶段产业发展的历史进程及相关产业政策的发展脉络，为后续产业高质量发展的深入分析奠定了坚实基础。在此基础上进一步聚焦于开发区的产业布局与结构特征，通过数据分析揭示了我国开发区发展的不平衡状态及东中西部三大梯队的明显分化格局。

3 开发区产业高质量发展的内涵与评价

▲ 产业高质量发展的理论内涵
▲ 开发区产业高质量发展的综合评价
▲ 开发区产业高质量发展的外部机制
▲ 本章小结

本章以产业高质量发展的历史脉络梳理为出发点，在系统阐释了产业高质量发展理论内涵的基础上，以五大发展理念为基准，构建了开发区产业高质量发展的综合评价指标体系，从相关性与一致性测度两个方面给出了其评价标准。此外，基于要素配置、转型升级、数字化转型等要求，探讨了影响开发区产业高质量发展的外部机制。

3.1 产业高质量发展的理论内涵

3.1.1 产业高质量发展的历史脉络

高质量发展是全面建设社会主义现代化国家的首要任务。2017年，中国共产党第十九次全国代表大会首次提出高质量发展。2021年，习近平接连强调"高质量发展"。2021年3月30日，中共中央政治局召开会议，审议《关于新时代推动中部地区高质量发展的指导意见》。9月14日，国务院批复国家发展改革委、财政部、自然资源部关于推进资源型地区高质量发展"十四五"实施方案。

党的十八大以来，我国产业发展实现了从规模增长向规模与质量并举发展的历史性转变，产业制造质量不断提升，专利申请数量大规模增加。但在转换经济增长动力的过程中，我国产业质量顶层设计有待加强，一些新业态也对产业质量基础设施提出了更高要求。事实上，产业高质量发展在不同发展时期呈现不同的背景和特点，根据现有相关论述，可从"数量扩张阶段—质量效益提升阶段—创新驱动发展阶段—可持续发展阶段—国际竞争力提升阶段"五个阶段进行划分，每个阶段的基本特点和具体内容见表3.1。

表3.1 产业高质量发展的历史脉络

发展阶段	基本特点	具体内容
数量扩张阶段（改革开放初期）	扩大产业规模和数量	经济以高速增长为主导，对资源环境的压力逐渐增大，资源密集型和劳动密集型产业成为主导
质量效益提升阶段（经济增长方式转变时期）	从数量扩张转向质量效益	通过技术进步、产业升级、优化产业结构等方式提高产业附加值和创新能力

续表

发展阶段	基本特点	具体内容
创新驱动发展阶段（创新驱动发展战略提出以来）	强调科技创新对经济发展的重要性	企业加强研发投入，政府支持科技创新和科技成果转化，推动经济结构升级，以创新驱动引领产业高质量发展
可持续发展阶段（环境保护和可持续发展意识的增强）	将环境保护纳入经济发展加以考虑	推动绿色技术创新，发展绿色产业，优化能源结构，加强环境监管，实现经济增长与环境保护的协调发展
国际竞争力提升阶段（全球化深入发展的背景下）	提高产品和服务质量、加强技术创新	企业加强品牌建设，政府支持企业"走出去"，参与国际竞争和合作

资料来源：该表由相关文献和政府报告文件整理而来。

3.1.2 产业高质量发展的内涵阐释

党的十九大报告指出，我国经济已由高速增长阶段转向高质量发展阶段。高质量发展是能够很好满足人民日益增长的美好生活需要的发展，也是体现新发展理念的发展。坚持以推动高质量发展为主题，就是把实施扩大内需战略同深化供给侧结构性改革有机结合起来，增强国内大循环内生动力和可靠性，提升国际循环质量和水平，加快建设现代化经济体系，着力提高全要素生产率，着力提升产业链供应链韧性和安全水平，着力推进城乡融合与区域协调发展，推动经济实现质的有效提升和量的合理增长。

推动高质量发展，不仅是保持经济持续健康发展的必然要求，同时也是适应我国社会主要矛盾变化和全面建成小康社会，全面建设社会主义现代化国家的必然要求。产业质量升级离不开国家政策制度的全方位引领和整个质量生态体系建设。要深化质量发展法治化道路，完善质量建设的法律法规，根据产业发展的现实需要，把握产业与市场动态，适时、及时调整政策法规，形成完整高效的政策法规体系，为产业高质量发展提供科学依据与保障。

经查阅，西方发达国家或组织更关注人民福利的提高、绿色生态发展与技术创新等内容，尤其是欧盟、荷兰、德国与美国的经济发展指标体系（李金昌等，2019；徐生霞等，2021；訾谦，2024）。中国作为新兴市场国家之一，与上述地区相比，虽然社会制度与发展方式存在明显差异，但对于产业高质量发展的目标具有一致性。特别的，本章关于开发区产业高质量发展内涵的解读，以创新、协调、绿色、开放、共享五大发展理念为基准，进行系统阐述。

3.1.2.1 创新发展理念下的产业高质量发展

概括而言，创新发展理念下的产业高质量发展就是以创新为驱动，推动产业升级和转型，不断提升产业的规模和效益，以实现经济的持续稳定增长和人民对美好生活需求的更高满足（陆小莉等，2021）。具体包含三个方面。

（1）产业规模不断壮大。即现代农业、先进制造业、现代服务业等不断完善发展，形成健全的现代产业体系；要重视制造业的发展，其产业规模反映了当前制造业发展的基础实力，以及产业体系的完整程度与规模效益。

（2）产业结构不断优化。即要求产业组织结构日益优化，一二三产业结构合理，并且不断深化融合发展。

（3）创新驱动转型升级。创新是引领发展的第一动力，是建设现代化经济体系的战略支撑；创新是产业实力的综合反映，是竞争能力的核心要素。

3.1.2.2 协调发展理念下的产业高质量发展

实现产业高质量发展，重点要建设彰显优势、协调联动的城乡区域协同发展体系，既需要强调产业的稳定与持续增长，也要注重创新驱动和高效益的实现（徐生霞和刘强，2022）。具体包含三个方面。

（1）强调产业的稳定与持续增长。这要求经济运行的稳定性、持续性以及风险控制达到高标准。这也是衡量发展质量的重要标志。在实现产业增长的同时，注重各产业之间的相互协调，如实体经济与金融、实体经济与房地产、制造业与现代服务业之间的协调发展，以保持有效供给和稳定增长。

（2）注重创新驱动发展。高质量发展以提高供给体系质量为目标，关键在于创新驱动。这意味着需要加大科技创新力度，提升自主创新能力，解决一些关键核心技术的"卡脖子"问题，以适应高质量发展和人民对美好生活的需求。

（3）高效益是高质量的重要内涵。从经济角度看，高效益体现在投资有回报、企业有利润、员工有收入、政府有税收等方面。通过优化产业结构、提高资源利用效率等方式，实现产业的可持续发展和经济效益的提升。

3.1.2.3 绿色发展理念下的产业高质量发展

绿色发展理念下的产业高质量发展是一个综合性的概念，涵盖了经济增长的稳定性、区域城乡发展的均衡性、环境的可持续性和社会的公平性等方面（Xu et al.，2024）。具体包含三个方面。

（1）强调经济增长的稳定性，即在推动经济高质量发展的过程中，保持经济增速稳定是关键，必须避免大起大落的波动；这种稳定性有助于产业的持续、健康发展。

（2）注重区域城乡发展的均衡性。高质量发展要求在更宽广的领域上实现协调发展，使得不同地区和城乡之间的产业发展能够相互补充、相互促进。

（3）突出环境的可持续性。这意味着在产业发展的过程中，必须注重生态环境的保护，创造更多的物质财富和精神财富，以满足人民日益增长的美好生活需要，同时提供更多优质生态产品以满足人民对优美生态环境日益增长的需求。

3.1.2.4 开放发展理念下的产业高质量发展

综合看，开放发展理念下的产业高质量发展，强调在全球化深入发展的大背景下，通过优化产业布局、推动转型升级和提升质量效益等途径，实现产业的持续、健康、快速发展（谭思和陈卫平，2024）。具体包含三个方面。

（1）产业布局优化和结构合理。这意味着在开放的背景下，产业结构应不断调整和优化，以适应国内外市场需求的变化，形成更加合理、高效的产业布局。

（2）转型升级持续进行。面对全球经济形势的不断变化，产业需要不断进行技术升级和创新，提升产品的技术含量和附加值，以实现开发区产业从低端制造向高端制造的转变。

（3）质量效益不断提升。在开放的环境中，产品质量和服务质量成为企业竞争的核心。因此，应注重提高产品和服务的质量，以最小的成本获得最大的效益，同时不断提升开发区产业的可持续发展能力。

3.1.2.5 共享发展理念下的产业高质量发展

总体上，共享发展理念下的产业高质量发展是一个综合性的概念，强调发展的共享性、注重质量的提升和推动可持续发展，旨在实现产业与社会、经济与环境的协调发展（高长海和王锋，2024）。具体包含三个方面。

（1）强调发展的共享性。产业的发展应致力于实现社会共享，确保各利益相关方能够公平地分享产业发展的成果，包括促进产业链中下游企业的协同发展，推动产业与社会的良性互动，以及保障劳动者权益等。

（2）注重质量的提升。产业高质量发展要求不断提升产品质量和服务水平，满足人民日益增长的美好生活需要。具体可通过技术创新、管理创新等手段，提高产业的附加值和竞争力，推动产业向中高端升级。

（3）推动可持续发展。在共享发展理念的指导下，产业高质量发展还应注重资源的节约和环境的保护，推动形成绿色生产方式和消费模式。同时，要关注产业的长期可持续发展能力，避免过度开发和短期行为带来的负面影响。

3.2 开发区产业高质量发展的综合评价

3.2.1 评价指标体系构建

上述关于开发区产业高质量发展的内涵阐释显示：高质量发展首先应具备稳定的增长态势，重点是要建设彰显优势、协调联动的区域协调发展体系，引领发展的第一动力是创新、竞争能力和核心要素，关键举措是推动产业结构优化升级，提高国家经济综合竞争力；重要抓手是关注环境保护，推动生态文明建设；基本途径是激发企业活力与市场活力，不断扩大对外开放；重要保障是文化、金融、交通便利等自身发展实力的提升。鉴于此，本节从稳定增长、协调发展、创新驱动、结构优化、生态宜居、经济活力、发展实力7个维度，构建开发区产业高质量发展的综合评价指标体系（见表3.2）。

表3.2 开发区产业高质量发展的综合评价指标体系

一级指标	二级指标	指标选取与计算方法	符号	属性	单位
稳定增长	总产出增长稳定	开发区生产总值指数(上年=100)	DZGI	+	—
	消费水平稳定	开发区消费价格指数(上年=100)	DZCI	+	—
	就业水平稳定	开发区就业人数	DZEN	+	人

续表

一级指标	二级指标	指标选取与计算方法	符号	属性	单位
协调发展	经济协调水平	开发区不同行业人均消费支出比	DICE	−	%
	经济协调水平	开发区不同行业人均可支配收入比	DIDI	−	%
	资源协调水平	开发区不同行业医疗机构床位数差值	DIMI	−	张
创新驱动	创新投入	开发区投资中R&D投入占比	DZPI	+	%
	创新投入	开发区规模以上工业企业R&D投入	DZID	+	万元
	创新产出	开发区规模以上工业企业专利申请数	DZNP	+	件
	创新产出	开发区技术市场成交额与总产值比	DZTM	+	%
结构优化	产业结构合理化	开发区产业结构偏离度	DZIS	−	—
	产业结构高级化	开发区产业发展综合指标	DZID	+	—
	产业结构生态化	开发区二氧化碳排放量	DZCO	−	吨
生态宜居	自然禀赋	开发区亩均水资源量	DZRW	+	立方米/人
	自然禀赋	开发区亩均绿化面积	DZGA	+	立方米
	绿色环保	开发区生活垃圾清运量	DZGR	+	吨
	绿色环保	开发区生活垃圾无害化处理率	DZHT	+	%
	绿色环保	开发区环境保护支出占比	DZEP	+	%
经济活力	市场化水平	开发区固定资产投资非国有企业占比	DZEI	+	%
	外贸依存度	开发区总产值货物和服务净流出占比	DZGS	+	%
	民营资本活跃度	开发区规模以上工业企业利润总和中私营企业占比	DZPE	+	%
发展实力	交通便利度	开发区单位面积内的等级公路里程数	DZTR	+	公里/平方米
	教育发展水平	开发区教育支出占比	DZED	+	%
	文化发展程度	开发区公共图书馆业机构数	DZCD	+	个
	金融发展水平	开发区人均存款年底余额	DZFD	+	元/人

注：表中"+"代表正向指标，即取值越高越好；"−"代表负向指标，即取值越小越好，"—"代表没有单位。

从稳定增长维度看，综合开发区产业高质量发展的需求和供给两个方面的积极变化，稳定的经济增长态势既可以看出开发区经济质量的改善，也能够看到开发区经济增长稳定性的提高和内生动力的增强。表3.2从产出、消费与就业三个子维度进行具体指标的设计。

从协调发展维度看，实现区域内产业之间，资源之间的良性互动，缩小开发区内部差距是协调发展的重要内容。差距缩小不仅体现在经济收入水平，也表现在公共资源分布上，表3.2从经济协调水平与资源协调水平两个子维度进行综合考量。

从创新驱动维度看，单纯依赖传统要素驱动的时代，正在成为过去。只有不断增强创新驱动力，才能在高起点上实现更高质量、可持续的发展。表3.2从创新投入与创新产出两个子维度综合考查开发区创新驱动发展的效果。

从结构优化维度看，推动产业结构优化升级是提高开发区经济综合竞争力与高质量水平的关键举措。表3.2从合理化、高级化与生态化三个子维度综合考量产业结构优化效果。其中，合理化表示开发区产业内部保持符合产业发展规律和内在联系的比率，表明各产业持续、协调发展的程度；高级化表明开发区通过技术进步，使产业结构整体素质和效率向更高层次不断演进的趋势和过程；生态化通过考虑生态环境保护，全面考察开发区产业结构优化效果。

从生态宜居维度看，绿水青山就是金山银山，生态文明建设是推动开发区产业高质量发展的重要抓手。考虑到地区自然环境的先决条件与后天环保投入的双重影响，表3.2基于自然禀赋与绿色环保两方面对开发区生态文明建设作出评价。

从经济活力维度看，增强经济活力重在激发企业活力与市场活力，不断扩大对外开放水平。因此，表3.2采用市场化水平、外贸依存度与民营资本活跃度三个子维度综合考查开发区经济活力水平。

从发展实力维度看，文化、金融、交通便利等自身的发展实力，也是开发区产业高质量发展不容忽视的内容。因此，表3.2主要选择交通便利度、教育发展水平、文化发展程度与金融发展水平四个方面，描述开发区经济发展过程中的实力特征。

3.2.2 指标权重的测度与判别标准

3.2.2.1 指标间相依关系的测度

以Pearson相关系数为代表的多种线性相关系数，在指标之间相关关系的测度方面得到了广泛应用。但随着经济社会的不断发展，指标间关系越来越复杂，单纯的线性关系已不足以描述变量间关系的复杂性（彭肖肖等，2024）。Copula函数最早由斯卡尔（Sklar）于1959年提出，用于更好地连接联合分布函数与其各自的边缘分布函数；该方法不要求随机变量间上、下尾部结构对称，具有较强的适用性（刘强等，2020）。具体介绍如下：

假设一个d维联合分布函数（cdf），存在边缘分布函数F，则存在一个Copula函数C，使得：

$$H(x_1, x_2, \ldots, x_p) = C(F_1(x_1), F_2(x_2), \ldots, F_d(x_d)) \quad （式3-1）$$

如果F_i为连续函数，则Copula函数C唯一存在。

Copula函数有多种表现形式，如椭圆Copula（Elliptical Copula）、阿基米德Copula（Archimedean Copula）等。由于数理形式的简易性，Gaussian Copula函数获得大部分学者的青睐（Xue and Zou, 2012; Xu et al., 2022）。

若存在Copula函数$F(\cdot)$，使随机向量$\boldsymbol{X} = (X_1, X_2, \cdots, X_d)^T$满足：

$$F(\boldsymbol{X}) = \{F_1(X_1), F_2(X_2), \cdots F_d(X_d)\}^T \sim N_d(0, \Sigma)$$

其中，$diag(\Sigma) = \boldsymbol{I}_d$，则称随机向量$\boldsymbol{X} = (X_1, X_2, \cdots, X_d)^T$满足Gaussian Copula模型。该模型中，Σ包含了X中的相依性，而通过秩相关系数（Kendall's tau）的方法可以估计Σ的结果。该方法不仅可避免估计边际函数$F(\cdot)$、放松对于数据服从高斯分布的假定，而且对于连续与离散数据的联合分布也有较好的适用性（Fan et al., 2017）。鉴于此，本节使用基于秩方法的高斯半参数Copula模型对综合评价指标间的相关性进行度量。

3.2.2.2 数据结构一致性的判别

在综合评价研究中，对于指标的赋权工作必不可少，而权重的设置至关重要。就现有文献看，较为常见的方式是通过熵权法、CRITICS、PCA、横向纵向拉开档次法、高维标度评价法等多元评价方法对各指标进行权重的计算（刘强和李泽锦，2022；魏艳华等，2023；陆小莉等，2024）。然而，对于既包含时间特征又囊括个体差异的面板数据而言，随着各指标的不断变动，很难保证每个时期数据结构都具有一致性或近乎相似。因此，在此背景下，对不同数据结构的指标赋予相同权重就具有局限性。这也给多年份指标体系统一赋权提出了挑战。

为了更好地为变量统一赋权提供理论依据，探究不同时期同一经济数据结构间的一致性，本节给出一种较为适用的特征值收敛判别法，该方法的思想是基于数列收敛与矩阵相似性的判别而形成的。具体的：

根据数列收敛定义，对于任意小的 ε，总存在正整数 N，使得当 $n > N$ 时，有：

$$|x_n - a| < \varepsilon \quad (\text{式3-2})$$

均成立，此时称数列 $\{x_n\}$ 收敛于 a，记为 $x_n \to a$ ($n \to \infty$)。由此推广，若 x_n 为多组数据结构的代表变量，a 为某固定常数，当所有代表数据结构的量 x_n 均收敛于 a 时，则可说明上述数据结构具有一致性。

于是，问题转化为数据结构的表示与常数 a 的选取。对于多组经济数据而言，转化为统计测度语言即为多个 $m \times n$ 矩阵，其中，m 为样本数，n 为指标数。特征值的模代表矩阵在每个基上的投影长度。特征值越大，说明矩阵在对应的特征向量上的方差越大，功率越大，信息量越多，通过特征值的取值情况就可大体反映矩阵的结构。而对于相似矩阵，对应的特征值相同。因此，可通过特征值构造表征数据结构的变量。

假设 $\boldsymbol{A} = \begin{bmatrix} \alpha_{11} & \alpha_{12} & \cdots & \alpha_{1m} \\ \alpha_{21} & \alpha_{22} & \cdots & \alpha_{2m} \\ \vdots & \vdots & \vdots & \vdots \\ \alpha_{n1} & \alpha_{n2} & \cdots & \alpha_{nm} \end{bmatrix}$、$\boldsymbol{B} = \begin{bmatrix} b_{11} & b_{12} & \cdots & b_{1m} \\ b_{21} & b_{22} & \cdots & b_{2m} \\ \vdots & \vdots & \vdots & \vdots \\ b_{n1} & b_{n2} & \cdots & b_{nm} \end{bmatrix}$ 分别为任意两个时期同一个指标数据，其中，m 为指标数，n 为样本数。一般情况下，$m \neq n$，即指标数据的结构为非方阵。特征值收敛判别法的主要步骤如下。

第一步，分别计算矩阵 $\boldsymbol{A}$ 与矩阵 $\boldsymbol{A}$ 的协方差矩阵 Σ_A 与 Σ_B（由Copula相依性可得）。

第二步，对 Σ_A 与 Σ_B 进行谱分解，得到各自所有的特征值 $\lambda_A = (\lambda_{A1}, \lambda_{A2}, ..., \lambda_{Am})$ 与 $\lambda_B = (\lambda_{B1}, \lambda_{B2}, ..., \lambda_{Bm})$。

第三步，由矩阵相似的性质，若矩阵 $\boldsymbol{A}$ 与矩阵 $\boldsymbol{B}$ 相似，即二者数据结构呈现相似性，则有 $\dfrac{\lambda_{Ai}}{\lambda_{Bi}} \sim 1$（近似为1）。

基于此，若满足：

$$\left| \frac{1}{m}\left(\sum_{i=1}^{m} \frac{\lambda_{Ai}}{\lambda_{Bi}} \right) - 1 \right| \leq \varepsilon \qquad （式3-3）$$

则称 *A* 与 *B* 二者相似（此时，常数 *a* 为1）。

3.2.2.3　指标权重的确定

利用上述特征值收敛法对不同样本时期的指标数据进行结构一致性判别，并对指标进行统一赋权。具体操作流程如下。

首先，在进行权重计算之前，需要对数据进行标准化，具体参考徐生霞等（2021）的研究设计，使用极差标准化法：

$$X_{it}^* = \frac{X_{it} - \min(X_{\cdot t})}{\max(X_{\cdot t}) - \min(X_{\cdot t})} \quad [+]$$

$$X_{it}^* = \frac{\min(X_{\cdot t}) - X_{it}}{\max(X_{\cdot t}) - \min(X_{\cdot t})} \quad [-] \qquad （式3-4）$$

式（3-4）中，i（$i=1,2,...,N$）代表个体，t（$t=1,2,...,T$）代表时期，X_{it}^* 代表标准化之后的指标取值，$\max(X_{\cdot t})$ 最大值，$\min(X_{\cdot t})$ 代表最小值，"+"和"-"分别代表正向和负向指标。

其次，基于式（3-1），计算标准化后指标之间的非线性相关关系矩阵，并利用Bootstrap方法对数据结构一致性进行检验（用特征值收敛法进行）。

再次，基于式（3-3）对不同时期（$t=1,2,...,T$）ε 的取值进行确定，若不同时期 ε 取值均小于0.05，则说明数据符合结构一致性假定。

最后，利用信息熵作为不同时期各指标的赋权标准进行统一权重设定，具体信息熵的计算参见刘强等（2020）的相关研究。

3.3　开发区产业高质量发展的外部机制

2020年，《国务院关于促进国家高新技术产业开发区高质量发展的若干意见》指出，牢固树立新发展理念，继续坚持"发展高科技、实现产业化"方向，以深化体制机制改革和营造良好创新创业生态为抓手，以培育发展具有国际竞争力的企业和产业为重点，以科技创新为核心着力提升自主创新能力，围绕产业链部署创新链，围绕创新链布局产业链，培育发展新动能，提升产业发展现代化水平。

就可查阅的现有文献看，国内外关于产业高质量发展因素的选择大多基于经济增长理论、可持续发展理论、效率提升理论等展开论述。主要可概括为五个方面：就经济因素而言，主要围绕投入与产出双重约束刻画经济发展的影响（Mei and Chen，2016；杨家辉等，2023），具体表现为全要素生产率（Total Factor Productivity，TFP）的测度；就社会因素而言，主要集中在教育水平、社会公平和健康卫生等方面（Zhang and Kong，2010），具体表现在公共服务层面关于高质量发展特征的理论阐述上；就环境因素而言，主要围绕污染治理、资源利用率和生态质量等方面（Xu et al.，2024；孟莹等，2024），具体表现为推动节能减排，提高资源利用效率，有助于产业的可持续发展；就产业内部因素而言，主要集中在技术创新能力、企业国际化水平和产业结构与协同等方面（刘思明等，2019；孟维福等，2023），具体表现出高科技含量、技术密集型和资本密集型行业具有较高的科技和研发能力，给出实现产业高质量发展的重要保障；就机制与政策因素而言，主要围绕市场机制构建与政府政策引导两个方面（任保平，2018；王瑞峰，2024），具体表现为公平、公正、法制的市场机制有助于实现开发区资源的有效配置，微观主体有活力、宏观调度有度的经济体制能够促进开发区产业的健康发展。

综合看，上述研究通过不同的方面对产业高质量发展的影响因素进行了系统的分析。特别的，除了3.2节中整理的7个内在阐释维度，资源配置、数字化转型、法治建设等外在影响机制的阐释也不容忽视。鉴于此，本节重点讨论外在冲击下，开发区产业高质量发展可能存在的外部影响机制（如图3.1所示）。

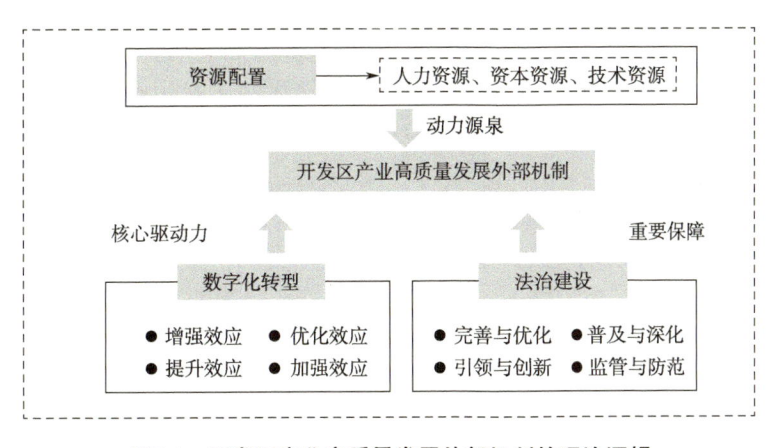

图3.1 开发区产业高质量发展外部机制的理论逻辑

3.3.1 要素配置下的产业高质量发展

提高资源配置效率是实现产业高质量发展的重要动力源泉。习近平总书记指出，"使市场在资源配置中起决定性作用""要切实转变政府职能，大幅减少政府对资源的直接配置"。事实上，以提高资源配置效率为抓手推动高质量发展，关键在于处理好政府和市场的关系，重点在于厘清人力资源配置、资本资源配置和技术资源配置与产业高质量发展的作用关系，完善有利于资源优化配置的体制机制和政策措施。具体可从人力、资本和技术资源配置三个方面进行阐释（见图3.2）。

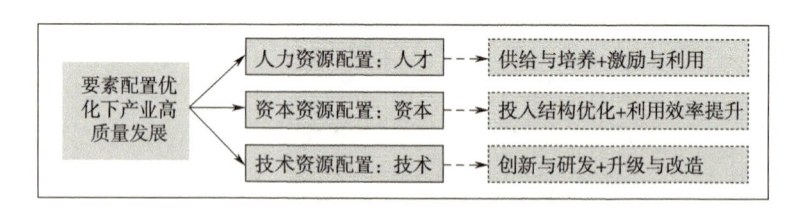

图3.2 要素配置优化下产业高质量发展的理论逻辑

3.3.1.1 人力资源配置与产业高质量发展

人才供给与培养、人才激励与利用。就开发区的人才供给与培养而言：一方面，深化人力资本供给侧结构性改革，优化人力资本多层次供给，建设高素质专业化创新团队；另一方面，加强创新型、应用型、技能型人才培养，打造国内一流的创新团队，壮大高水平工程师和高技能人才队伍。就开发区的人才激励与利用而言：一方面，营造良好科研环境，激发人才创新活力，提升基础研究在应用性研究中的作用和应用性研发产业化的激励；另一方面，合理引导开发区内各部门的人力资本配置，充分发挥人力资本在基础研究、基础创新成果应用化和应用专利产业化三个方面的作用。

3.3.1.2 资本资源配置与产业高质量发展

优化资本投入结构和提高资本利用效率。就开发区的优化资本投入结构而言：一方面，引导开发区资本流向具有创新潜力和市场前景的产业领域，特别是高新技术和战略性新兴产业；另一方面，通过政府引导基金、风险投资、私募股权等方式，鼓励社会资本参与产业创新和发展。就开发区的提高资本利用效率而言：一方面，通过开发区内部的市场机制优化资本配置，提高资本利用效率，降低企业融资成本；另一方面，支持开发区内企业通过资本市场融资，扩大融资渠道，降低融资成本，提高资金使用效率。

3.3.1.3　技术资源配置与产业高质量发展

加强技术创新与研发、推动技术升级与改造。就加强开发区技术创新与研发而言：一方面，加大研发投入，支持开发区企业开展技术创新和研发活动，提升产业核心竞争力；另一方面，鼓励开发区产学研合作，促进科技成果转化和应用，推动产业链上下游协同创新。就推动开发区技术升级与改造而言：一方面，支持开发区企业采用新技术、新工艺和新设备，推动产业技术升级和改造；另一方面，加强开发区知识产权保护，激励企业创新投入和产出，提高产业创新能力和水平。

3.3.2　转型升级下的产业高质量发展

在当前的全球经济背景下，产业的转型升级已成为推动开发区高质量发展的关键路径。转型升级不仅意味着产业结构的优化与调整，更涉及技术创新、资本配置、人才集聚等方面的综合提升，因此转型升级与产业高质量发展的理论内涵可以从资本配置、人才集聚、创新驱动三方面进行论述。

3.3.2.1　资本配置与产业高质量发展

资本作为产业发展的血液，其高效流动与合理配置是支撑新兴产业和高技术产业发展的重要基石。开发区应针对未来产业的发展趋势，优化资本配置策略，确保资本能够精准投向具有高增长潜力和技术创新能力的领域。通过设立专项投资基金、引导社会资本参与等方式，为产业的转型升级提供充足的资金支持。

3.3.2.2　人才集聚与产业高质量发展

在转型升级的过程中，高端人才的引进与培养至关重要。开发区应构建完善的人才引进机制，通过提供具有竞争力的薪酬福利、优化工作环境、搭建创新平台等措施，吸引国内外优秀人才的加盟。此外，还应加强人才培养与储备，通过校企合作、产学研联动等方式，培育一批具备创新能力和实践经验的产业人才。

3.3.2.3　创新驱动与产业高质量发展

技术创新是推动产业升级、提升产业竞争力的关键。开发区应鼓励企业加大研发投入，推动产学研用深度融合，加速科技成果的转化与应用。通过设立创新基金、搭建创新平台、优化创新生态等方式，激发企业的创新活力，推动产业向高端化、智能化、绿色化方向发展。

3.3.3 数字化转型下的产业高质量发展

近年来，随着大数据、云计算、互联网、人工智能、区块链等数字技术迅猛发展，数字经济日益成为全球产业要素资源重组、结构重塑、竞争格局嬗变的关键力量。数字经济是驱动产业高质量发展的关键力量，作为数字经济的核心驱动力，数字化转型与产业高质量发展的理论内涵，可以从创新驱动、商业模式、运营效率和数据安全四方面进行论述（见图3.3）。

```
创新驱动：增强效应              商业模式：优化效应
※开发和推出新产品、新服务       ※理解市场需求和个性化消费
※产品研发和市场推广、风险低     ※产品设计与市场定位精准化
手段：引入数字化技术             ※打破时间与空间限制
                    数字化转型下
                    产业高质量
                      发展
运营效率：提升效应              数据安全：加强效应
※降低开发区企业人力资本         ※确保数据的完整性和隐私性
※实现智能化生产、提高效率       ※服务于企业生产效率的提升
手段：流程自动化                 手段：企业数字化程度提高
```

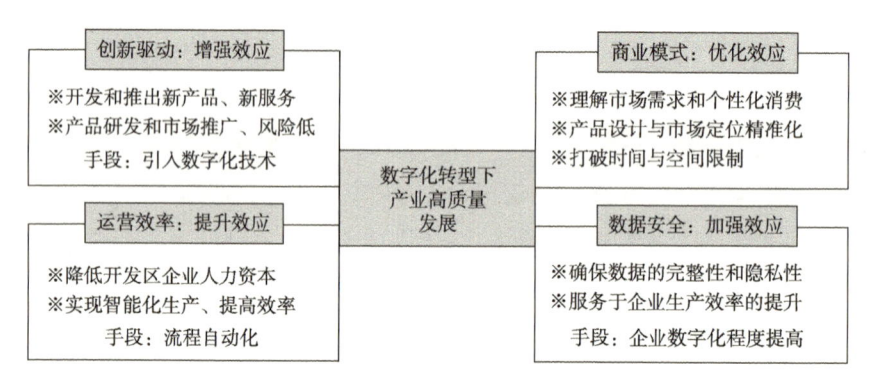

图3.3　数字化转型下产业高质量发展的理论逻辑

3.3.3.1 创新驱动的增强效应

数字化转型通过引入数字化技术，为开发区企业提供了更多的创新驱动力，有助于企业快速地开发和推出新产品、新服务；传统产业通过数字化转型，借助大数据分析、人工智能等技术手段，为产品研发和市场推广提供了更加精准的依据，降低了创新风险。

3.3.3.2 商业模式的优化效应

首先，数字化转型使开发区企业能够更好地理解市场需求和个性化消费趋势，从而优化商业模式；其次，通过数字化技术，开发区企业可以精准地针对消费者需求进行产品设计和市场定位，提供定制化的产品和服务；最后，数字化转型打破了时间和空间的限制，实现无缝化的购物体验，如开发区内服务业通过数字化转型推出线上平台等。

3.3.3.3　运营效率的提升效应

数字化转型通过实现流程自动化、数据自动收集和分析，降低了开发区企业的人力成本，提高了工作效率；制造业通过数字化转型实现智能化生产，实时监控生产线的运行状态，减少废品率和人力投入，提高生产效率和质量。

3.3.3.4　数据安全的加强效应

随着开发区企业数字化程度的提高，数据安全成为重要问题。企业需要加强对数据的保护，确保数据的完整性和隐私性；进而有助于服务企业生产效率的提升，有助于开发区产业实现高质量发展。

3.4　本章小结

本章基于数量扩张—质量效益提升—创新驱动发展—可持续发展—国际竞争力提升五个阶段的特征，梳理了高质量发展的历史脉络；基于创新、协调、绿色、开放、共享五大发展理念，系统阐释了产业高质量发展的理论内涵；基于稳定增长、协调发展、创新驱动、结构优化、生态宜居、经济活力、发展实力七个维度，构建了开发区产业高质量发展的综合评价指标体系，并从指标间相依关系测度和数据结构一致性判别和设计，给出了综合指数的评价标准；基于要素配置、转型升级、数字化转型等要求，从人才、资本、技术、创新驱动、商业模式、运营效率、数据安全等方面，系统阐释了开发区产业高质量发展外部机制的多重影响效应，为后续影响效应检验的实证研究提供了理论支撑。

4 | 开发区产业高质量发展：要素配置

▲ 劳动力配置
▲ 资本配置
▲ 技术配置
▲ 本章小结

开发区作为区域经济发展的重要引擎，其产业的高质量发展离不开各类要素的合理配置与高效利用。因此，必须全面考虑劳动力、资本和技术等关键要素的优化配置，确保各类资源能够最大化地支持产业高质量发展。本章从劳动力配置、资本配置和技术配置三个方面，深入分析了要素配置视角下，开发区产业高质量发展的现状与挑战，并提出具体的实施路径和政策建议。

4.1 劳动力配置

4.1.1 劳动力配置现状

劳动力是开发区产业高质量发展的核心要素，近年来，为了推动产业结构的优化和升级，各开发区纷纷出台了一系列人才相关政策，实现了人才质量和数量的显著跃升。表4.1详细列出了部分开发区在近5年出台的有关人才支持的相关政策。

表4.1 近5年部分开发区出台的人才支持相关政策

开发区名称	政策名称	实施时间（年）	主要内容
广州开发区	促进人才高质量发展的政策措施实施细则	2024	培育新兴企业家，博士后、优秀青年培养资助等
成都高新区	加快构建人力资源服务产业高地的若干政策	2023	深入贯彻实施人才强国战略，加快建设人力资源服务产业高地
武汉经开区	关于加快推进新时代人才强区战略的实施意见	2022	提升"车谷英才计划"，推进著名社会人才"培育工程"，青年人才"春笋行动"，人才安居"暖心行动"，等等
重庆经开区	人力资源和社会保障事业发展"十四五"规划（2021—2025）	2022	拟订人力资源市场发展规划和人力资源服务业发展、人力资源流动政策
南昌经开区	加快促进人力资源服务产业园发展的若干意见	2020	对依法缴纳实收资本的人力资源服务机构按比例奖励，最高不超过1 000万元

续表

开发区名称	政策名称	实施时间（年）	主要内容
烟台经开区	人力资源服务业发展推进大会	2020	谋划推进人力资源产业发展，进一步强化"四个协同"，完善产业体系

资料来源：由相关文献和政府报告、文件整理而来。

政策的出台为各企业在人才利用方面提供了有力保障，具体体现在人才开发、就业用工及福利保障3个方面。

4.1.1.1 人才开发

人才开发是推动开发区产业高质量发展的核心动力。开发区的人才开发体系主要涵盖职业教育和培训、高端人才引进和创新创业支持三个关键领域（杨烨和谢建国，2021）。职业教育和培训体系通过职业技术学校和高等院校培养大量技术工人和专业人才，为开发区的企业提供了坚实的人才基础；高端人才引进政策则通过提供住房补贴、科研经费支持等方式，吸引了大量国内外优秀人才，特别是在高新技术领域的专业人才；创新创业支持方面，开发区通过设立多个孵化基地和创新基金，扶持初创企业，鼓励科技创新，推动产业结构升级和经济发展。通过多管齐下的综合型人才开发策略，开发区不断增强自身的人才竞争力和创新活力。

尽管开发区在人才开发方面提出了一系列政策，取得了一定的成效，但仍存在以下问题：第一，职业教育和培训体系相对滞后，无法快速响应市场和技术变化的需求（瞿连贵和赵建东，2023）。许多企业反映，新招聘的毕业生专业知识过时，缺乏实际操作能力。第二，高端人才引进和留住困难。尽管有多项优惠政策，但由于生活成本高、职业发展受限等原因，高端人才的长期留驻仍面临挑战。这不仅影响了企业的创新能力，也削弱了开发区整体的竞争力。第三，创新创业支持力度不足。虽然开发区设立了多个孵化基地和创新基金，但资源的分配和支持力度还不足以满足所有企业的需求，企业发展潜力受限。初创企业在技术研发和市场推广方面的支持不足，导致很多具有潜力的创新项目难以持续发展。

4.1.1.2 就业用工

就业用工是开发区经济发展的重要支撑，直接关系到企业的生产运营和竞争力。开发区的劳动力市场多样化，涵盖制造业、高新技术产业和服务业，提供了丰富的就业机会。企业为了应对市场波动和生产需求变化，普遍采用灵活用工模式，包括合同工和临时工，部分企业还将非核心业务外包给专业服务公司。这种用工模式不仅帮助企业在市场需求波动时保持灵活性，还降低了固定用工成本。

近年来，苏州工业园区在科技创新和吸引高新技术企业方面具有显著优势，集聚了9 000多家科技创新型企业和超过2 000家国家高新技术企业。这些企业对青年人才具有很强的吸引力。2023年，苏州工业园区的就业人口达到92.71万人，其中三产就业人口为62.22万人，就业人口保持稳定。烟台开发区2022年新增就业再就业2.6万人，失地农民就业率达到99%，城镇登记失业率为2.12%。三门峡经济开发区的数字服务产业基地提供约1 200个就业岗位。广州开发区通过更新迭代一系列就业补助政策，提高了劳动者和创业人员的综合素质，从而提高了就业率。北京经济技术开发区通过对代表性企业的访谈和实地调研，优化了街道空间需求，以更好地满足高新技术产业园区就业人群的需求。各开发区在就业用工方面采取了多种措施，包括科技创新驱动、公开招聘、优惠政策吸引人才、提升公共就业服务水平、更新就业补助政策，等等，以促进高质量就业和经济发展。

尽管开发区的劳动力市场多样化并提供了丰富的就业机会，但仍面临以下挑战：第一，技能匹配度低。高新技术产业对高技能人才的需求增加，但现有劳动力的技能水平和产业需求之间匹配度较低。开发区的高新技术企业普遍反映，新招聘的员工需要经过额外的培训才能胜任岗位，增加了企业的培训成本和时间投入。第二，用工成本高。开发区内的用工成本较高，尤其是对中小企业来说，人工成本在企业总成本中的比重较大，导致利润空间被压缩。这不仅限制了企业的发展，也降低了企业对高技能人才的吸引力（肖建华和谢璐华，2022）。

4.1.1.3 福利保障

福利保障是提升劳动者工作积极性和保障其基本生活的重要手段，也是开发区吸引和留住人才的关键因素。开发区建立了较为完善的社会保障体系，包括养老保险、医疗保险、失业保险等，基本覆盖大部分劳动者。同时，企业优厚的员工福利和良好的工作条件也是吸引人才集聚的重要因素。

具体而言，在天津经济技术开发区（泰达），大型企业和高科技企业提供的社会保障水平较高，例如，位于天津泰达的空客中国公司为员工提供了全面的医疗保险和养老保险，以及住房补贴、交通补贴、培训津贴等优惠待遇；在潍坊经济开发区，企业为员工提供节日福利、定期体检、缴纳五险（养老保险、医疗保险、失业保险、工伤保险、生育保险）和意外伤害险；北京经济技术开发区为取得国家承认的特种作业操作证书或特种设备操作人员证书的员工提供职业能力提升补贴，补贴标准对应职业资格或职业技能初级水平。

尽管开发区在福利保障方面取得了一定的成效，但在实际操作中仍面临诸多问题：第一，不同规模和类型企业之间的福利待遇存在显著差异。大型企业和高科技企业能够提供较为优厚的福利待遇，而中小企业由于资源有限，难以提供同等水平的福利待遇，缺乏足够的激励措施（李中和张彦，2023），导致中小企业在吸引和留住人才方面处于劣势。第二，社会保障覆盖不足。灵活用工和临时工未能完全享受到社会保障，导致权益保障缺失。这种情况不仅影响员工的生活质量，还会导致其工作积极性和稳定性的下降。第三，工作环境参差不齐。中小企业的工作环境和劳动条件相对较差，影响了员工的健康和工作效率。

在劳动力配置效率的测算上，目前多基于劳动力市场扭曲程度衡量劳动力配置效率。具体的，参考张天华和邓宇铭（2020）的研究，建立开发区企业层面的资源配置效率测算指标发现，1999—2007年，开发区企业劳动投入扭曲为负，表明企业劳动投入的边际收益低于劳动的边际成本，劳动要素的投入过度。具体计算如下：

假定每种差异产品都是由一个垄断的企业通过投入资本、劳动两种生产要素进行生产的，生产函数为C-D形式：

$$Y_{si} = A_{si} K_{si}^{\alpha_s} L_{si}^{\beta_s} \qquad (式4-1)$$

其中，α_s 表示行业 s 的资本弹性、β_s 表示行业 s 的劳动弹性，且存在 $\beta_s = 1 - \alpha_s$，A_{si} 表示企业 i 的全要素生产率水平。该企业会面临其他企业产品的垄断竞争，而在要素市场则面临完全竞争。鉴于市场因多种因素导致各种扭曲的存在，所以本文以 τ_{Ksi} 表示资本扭曲，τ_{Lsi} 表示劳动扭曲，则垄断竞争厂商的利润函数为：

$$\pi_{si} = P_{si}Y_{si} - (1+\tau_{Ksi})RK_{si} - (1+\tau_{Lsi})\omega L_{si} \qquad (式4-2)$$

其中，R 表示企业的资本价格，ω 表示企业的劳动价格。

垄断厂商的产品垄断价格为：

$$P_{si} = \left(\frac{\sigma-1}{\sigma}\right)^{\sigma} \left(\frac{R}{\alpha_s}\right)^{\alpha s} \left(\frac{\omega}{\beta_s}\right)^{\beta s} \frac{(1+\tau_{Ksi})^{\alpha s}(1+\tau_{Lsi})^{\beta s}}{A_{si}} \quad (\text{式}4\text{-}3)$$

最终求得企业面临的资本和劳动投入要素扭曲为：

$$\tau_{Ksi} = \alpha_s \frac{\sigma-1}{\sigma} \frac{P_{si}Y_{si}}{RK_{si}} - 1 \quad (\text{式}4\text{-}4)$$

$$\tau_{Lsi} = \beta_s \frac{\sigma-1}{\sigma} \frac{P_{si}Y_{si}}{\omega L_{si}} - 1 \quad (\text{式}4\text{-}5)$$

4.1.2 劳动力配置路径

随着全球经济格局的不断变化和新兴技术的快速发展，开发区在未来的产业升级和经济转型过程中，对人力资源的需求将呈现新的特点和趋势。本节将深入探讨开发区在跨学科人才、高技能专业技术人才、创新创业人才和高层次管理人才四个关键领域的具体路径。

4.1.2.1 跨学科人才

跨学科人才是指具备多学科知识背景并能将不同领域的知识进行整合应用的专业人才。随着新兴技术的发展和产业的不断升级，跨学科人才的需求日益增加。未来，开发区应重点培养和引进跨学科人才，以推动技术创新和产业升级。

具体的，跨学科人才的需求将主要集中在三个领域：第一，人工智能与数据科学。随着人工智能和数据科学的快速发展，跨学科人才能够将计算机科学、统计学和领域知识相结合，开发出更智能的系统和应用。第二，生物技术与信息技术。跨越生物技术和信息技术的跨学科人才，有助于催生新的医疗产业，推动开发区医疗健康产业的创新发展。第三，环境科学与工程技术。在应对环境问题和推动可持续发展方面，跨学科人才能够将环境科学与工程技术结合，开发出新型环保技术和解决方案。

4.1.2.2 高技能专业技术人才

高技能专业技术人才是推动制造业和高新技术产业发展的关键。这类人才不仅需要扎实的专业知识，还需具备实践操作能力和解决实际问题的能力。随着技术复杂性的增加和行业标准的提升，未来，开发区对高技能专业技术人才的需求将不断增长。开发区需要加强职业教育和技能培训，培养更多高技能专业技术人才，以满足产业发展的需求（孙彦玲和孙锐，2022）。

具体的，未来高技能专业技术人才的需求主要集中在三个领域：第一，先进制造业。智能制造、机器人技术和自动化系统的发展，需要大量掌握最新制造技术和工艺的高技能人才。例如，通过引进具备机械工程和自动化背景的高技能人才，提升生产效率和产品质量。第二，新能源与新材料。新能源技术和新材料的研发需要具备跨学科知识和实验技能的高技能人才。未来，开发区需要培养和引进能够推动新能源和新材料产业发展的专业技术人才。第三，信息技术与网络安全。随着信息技术的普及和网络安全风险的增加，高技能的信息技术和网络安全人才将变得尤为重要。开发区需要建立完善的培训体系，培养具备最新网络安全知识和技能的专业技术人才。

4.1.2.3 创新创业人才

创新创业人才是推动科技创新和产业转型的核心力量。这类人才不仅具备技术创新能力，还具备市场开拓和企业管理能力，能够将技术成果转化为商业价值。未来，开发区需要进一步完善创新创业支持体系，吸引和培养更多的创新创业人才，以推动区域经济的可持续发展。

具体的，未来创新创业人才的需求将主要集中在三个方面：第一，高新技术创业人才。开发区通过设立创新创业基金和孵化器，可吸引一批具备技术创新能力的创业者，推动人工智能和生物技术领域的创业活动。第二，绿色科技创业人才。未来的开发区需要重点支持绿色科技领域的创新创业活动，吸引具备环保技术和商业头脑的创业者，有助于应对环境问题和实现可持续发展。第三，社会创新创业人才。社会创新创业人才能够通过教育、医疗和养老等领域的创新创业活动解决社会问题，促进开发区社会问题的解决和社会福祉的提升。

4.1.2.4 高层次管理人才

高层次管理人才是企业战略制定和运营管理的核心，在企业的发展中起着至关重要的作用。这类人才能够帮助开发区制定企业发展战略，优化内部管理流程，提升企业的运营效率和市场竞争力。

具体的，未来高层次管理人才的需求主要集中在三个方面：第一，全球化管理人才。某些跨国公司已经在开发区设立区域总部，通过引进具有国际背景的高级管理人才，提升企业的全球竞争力。第二，战略规划与创新管理人才。企业能够通过引进战略管理专家，制定企业的长期发展战略和创新路线图。第三，风险管理与合规管理人才。未来，开发区需要引进和培养具备风险管理和合规管理能力的高层次管理人才，确保企业在复杂多变的环境中保持稳定发展。

4.1.3 劳动力配置建议

为进一步推动开发区产业的高质量发展，本节从五个方面提出了具体的政策建议，包括改善教育培训体系，完善人才引进和留住机制，加强创新创业支持，优化企业用工环境，强化社会保障体系。旨在解决开发区现存的问题，提升人力资源质量，为未来的高质量发展提供坚实的基础。

4.1.3.1 改善教育培训体系

为了应对快速变化的市场需求和技术进步，开发区需要加强教育培训体系的建设。首先，校企合作是关键。通过推动职业技术学校和高等院校与企业建立长期稳定的合作关系，确保教育内容与行业发展前沿保持一致。具体而言，推动企业与学校共同开发定制化课程，定期更新课程设置，增加实训课程和项目式教学，提升学生的实践操作能力。通过引入行业专家到学校讲授前沿技术和实际案例，进一步提高教育质量。其次，对于社会人员，继续教育也是重要一环，推动终身教育理念，为从业人员提供更多的学习机会和培训资源。可以通过设立继续教育基金，为员工提供学费资助，鼓励他们参加职业技能提升培训和学历教育。

4.1.3.2 完善人才引进和留住机制

优化人才引进和留住机制是确保开发区持续发展的重要措施。首先，开发区可以设立高端人才专项基金，通过提供具有竞争力的薪酬和待遇，吸引海外留学归国人员和国际顶尖人才，以支持高层次人才的引进和科研项目的开展。其次，通过在开发区内设立高端人才生活服务中心，提供从住房、医疗到子女教育的一站式服务，改善开发区的生活环境和配套设施，提升人才的生活质量和幸福感，增强开发区对高端人才的吸引力和黏性。最后，建立一站式高层次人才服务平台，提供包括职业发展、生活服务、创业指导等在内的全方位服务，增强高端人才的归属感。同时，定期举办高层次人才交流活动，促进人才之间的交流与合作，提升人才的职业发展机会。

4.1.3.3 加强创新创业支持

加强创新创业支持是推动新兴产业发展的重要手段。首先，政府可以设立天使投资基金和风险投资基金，重点支持高科技初创企业和有潜力的创新项目，通过财政补贴和税收优惠等方式，降低企业的创业成本。其次，建设和完善创新创业孵化基地，不仅要提供物理空间，还要提供全面的创业辅导和资源对接服务，帮助初创企业对接投资机构、提供市场推广渠道和法律咨询服务。最后，优化创新环境，推动知识产权保护、技术转移和成果转化。政府可以设立知识产权保护专项基金，为企业提供知识产权申请费用补贴，推动企业积极申请专利和保护知识产权。同时，建立技术转移中心，促进高校和科研机构的技术成果向企业转移，提升技术成果的转化率和产业化水平。

4.1.3.4 优化企业用工环境

优化企业用工环境是提升企业竞争力和吸引力的关键。首先，政府可以针对新成立的中小企业提供税收减免政策，在初创期内降低企业的税收负担。设立专项用工成本补贴基金，特别针对高新技术企业和制造业企业，提供一定比例的社保和税收减免。其次，改善工作环境和劳动条件，提升员工的工作满意度和健康水平。鼓励企业改造、升级生产设施和工作环境，采用绿色环保的生产设备，以提供舒适安全的工作环境。通过设立工作环境改造基金，支持中小企业改善生产条件，提升员工的工作效率和满意度。

4.1.3.5 强化社会保障体系

强化社会保障体系是提升劳动者工作积极性和生活质量的重要措施。首先，扩大社会保障覆盖面，设立专项基金，为灵活用工和临时工提供社会保障补贴，确保他们能够享受基本的社会保障服务。其次，缩小企业间福利差距。政府可以设立中小企业福利提升计划，提供专项补贴支持中小企业改善员工福利，提升员工的工作积极性和企业吸引力。最后，推动企业开展丰富多彩的员工活动，增强员工的企业归属感和团队凝聚力。在开发区内设立员工活动中心，提供多样化的员工福利和活动支持，提升员工的工作满意度和归属感。

4.2 资本配置

4.2.1 资本配置现状

资本配置是推动开发区经济腾飞和产业升级的核心驱动力（程新生等，

2024）。为了确保开发区能够实现持续稳健的发展，各开发区出台的一系列优化资本配置政策，能够激发市场活力，促进经济和产业的蓬勃发展，表4.2列举了近5年部分开发区针对资本配置方面出台的相关政策。

表4.2 近5年部分开发区出台的资本配置相关政策

开发区名称	政策名称	实施时间（年）	实施内容
杭州高新区（滨江）	进一步支持科技型中小企业融资的实施意见	2024	支持科技型中小企业融资
廊坊经开区	关于进一步支持企业上市发展的若干措施（试行）	2023	深化经开区促融资奖励政策，加大对企业上市的支持力度
广州黄埔区	进一步鼓励招商单位引资奖励办法	2022	对外资企业的注册资本奖励，最高不超过100万元
新乡经开区	关于进一步推进企业上市挂牌的奖励办法	2022	对区内注册企业上市挂牌予以支持，以充分利用资本市场，拓宽直接融资渠道
东侨经开区	鼓励和支持企业上市工作九条措施	2022	对企业上市募资投资项目在用地、厂房，以及项目、人才、资金申报等方面提供政策倾斜
武汉经开区	外资十条	2022	针对外商投资企业的惠企政策，聚焦落户、增资、引才留才等关键环节
成都高新区	关于加快金融业高质量发展的若干政策（修订）	2022	推动金融业高质量发展，提升金融产业能级，构建金融生态圈
南昌经开区	推进企业上市"映山红行动"利用资本市场发展的若干政策措施(试行)	2021	负责全区资本市场发展的指导、协调和服务工作
北京经开区	加快产业金融高质量发展的若干措施（试行）	2021	强化政策指引，实现产业金融高质量发展

资料来源：由相关文献和政府报告、文件整理得出。

在具体操作上，这些政策主要围绕资本配置结构、资本配置效率以及资本流动性三个核心方面展开。

4.2.1.1 资本配置结构

当前，开发区的资本配置结构主要包括政府投资、企业自筹资金和外资引入三大方面。政府投资在基础设施建设和公共服务领域发挥了重要作用，为产业发展提供了坚实的物质基础。企业自筹资金主要用于生产设备升级、技术研发和市场拓展，是推动企业技术进步和市场竞争力提升的关键（王国松等，2023）。外资引入则通过技术引进、管理经验分享和市场开拓，促进了开发区的产业结构优化和国际化进程。合理的资本配置能够有效提升区域整体经济效率和竞争力，促进开发区的可持续发展。

以天津经济技术开发区（泰达）为例，政府每年在基础设施建设和公共服务领域的投资额占总投资的30%左右。这些投资包括道路建设、公共交通、供水供电设施等基础设施，以及教育、医疗等公共服务设施。企业自筹资金约占总投资的50%。外资引入主要集中在制造业和房地产领域，开发区通过设立外商投资企业和合资企业，累计吸引外资达到100亿美元，为区域经济发展注入了强劲动力。

广州开发区投资集团完成智能制造和先进制造主业重大突破和投资布局，持续通过"产业+资本"双轮驱动赋能区域制造业高质量发展。广州开发区在直接融资额方面表现优异，尽管其上市公司数量与市值远低于中关村科技园，但仍以215.68亿元的直接融资额排名第二。此外，科创板、"注册制"等资本市场创新举措的深化落地，以及国务院关于推进国家级经济技术开发区创新提升的政策，标志着产业园区加速拓展资本市场。

开发区在资本配置方面取得了一定成效，但仍存在一些问题。首先，政府虽然在基础设施建设和公共服务领域的投资较大，但在项目选择和执行过程中，存在投资效率低、重复建设和资源浪费等问题。部分基础设施项目未能充分考虑市场需求和产业发展趋势，导致资源利用率不高。其次，中小企业在融资过程中面临较大困难，融资渠道有限，资金成本高，限制了中小企业的资金获取和发展潜力。最后，外资主要集中在制造业和房地产等传统行业，新兴产业和高技术产业的外资比例较低，导致产业结构优化和升级受到一定限制。同时，外资企业在技术引进和管理经验分享方面存在不足，未能充分发挥外资的优势和潜力。

4.2.1.2 资本使用效率

资本使用效率是衡量资本配置质量的重要指标，指的是投入的资本在经济活动中产生的收益和效益。高效的资本使用不仅能够提升企业的生产效率和竞争力，还能推动区域经济的可持续发展（蔡真和万兆，2023）。当前，开发区在提升资本使用效率方面采取了多种措施，包括技术引进、管理优化和政策支持等。通过引进先进的生产设备和技术，企业能够提升生产效率和产品质量，减少资源浪费。同时，优化企业内部管理流程，提升财务管理和项目管理水平，可以使企业更高效地使用资本。此外，政府通过提供税收优惠、财政补贴和技术研发支持等政策措施，激励企业加大创新投入，提高资本使用效率（宋恒等，2024）。

以苏州工业园区为例，企业在技术研发和设备升级方面的资本投入逐年增加，资本使用效率有所提升。许多企业通过引进先进的生产设备和管理模式，提高了生产效率和产品质量。例如，某高科技企业通过引进德国先进的自动化生产线，生产效率提高了30%，产品不良率降低了20%。此外，苏州工业园区的高新技术企业通过政府的研发补贴，成功开发了多项具有市场竞争力的新技术和新产品。

广州开发区投资集团坚持"产业并购+战略投资+产业基金+资本运作+投资赋能"五位一体的产业投资模式，构建了一个多层次的资本运作体系。2023年直接融资额达到215.68亿元，全国排名第二。成功启动了首例园区基础设施REITs项目，吸引社会资本投入广州基础设施建设，促进产业融合与创新。通过产业布局和资本市场的双重驱动，推进新型工业化和新质生产力的发展，成为资本市场的高地。

目前，各开发区在提高资本使用效率方面仍存在一些问题。首先，许多企业在资本使用过程中，过于注重短期效益，忽视了技术创新和长期研发投入，限制了企业的创新能力和长期竞争力。其次，部分企业缺乏专业的财务管理和项目管理经验，使得企业在资本使用过程中出现资金流失、项目延误和成本超支等问题。最后，政府在支持企业提升资本使用效率方面的政策措施相对有限（韩慧媛等，2023）。虽然有部分税收优惠和财政补贴，但覆盖面和支持力度不足，未能充分激励企业进行技术创新和管理优化。

4.2.1.3 资本流动性

资本流动性是指资本在不同产业和企业之间的流动能力。高流动性的资本能够更快地响应市场变化，支持新兴产业和高成长性企业的发展，促进资源的优化配置和经济的快速发展（孙晋云等，2023）。当前，开发区在提升资本流动性方面采取了一些措施，包括设立创业基金、风险投资基金和政府担保基金等，增强了资本的流动性，支持了许多初创企业和高成长性企业的发展。

在中关村科技园区，某初创企业，通过风险投资基金获得了3 000万元的融资，成功实现了技术研发和市场拓展。政府担保基金也为许多中小企业提供了融资担保，降低了企业的融资难度和成本。合肥开发区通过借用资本市场，融合社会资本，依托三大国资投资平台，以国有资金为母基金，撬动社会资本，联合中信、招商等头部投资机构，共同设立产业基金群。2020年初，蔚来获得合肥市建设投资控股（集团）70亿元股权投资，合计持有蔚来的股份24.1%。

尽管资本流动性有所提升，但仍存在一些问题。第一，资本流动性受限，具体表现为区域内金融服务的不均衡发展（刘晓星等，2024）。许多开发区的金融服务集中在某些大型企业和特定行业，而中小企业和新兴行业普遍面临高利率和烦琐的融资程序，难以获得同等的金融支持，导致资金周转效率低下。第二，政策支持和市场机制之间的衔接不够紧密。虽然政府设立了多种基金和政策措施促进资本流动，但在实际执行过程中，政策落实和效果评估方面仍存在不足。

在资本配置效率的测算上，同样参考张天华和邓宇铭（2020）的研究，计算步骤参考4.1.1，估计开发区企业层面的资本配置效率。实证结果得出，1999—2007年开发区企业资本扭曲为正，表明企业资本投入的边际收益远高于资本的边际成本，资本投入数量严重不足。

4.2.2　资本配置路径

开发区应针对未来产业发展的需求，优化资本配置策略，确保资本能够满足产业发展的多样化需求。本节详细探讨未来产业发展在资本配置方面的具体路径。

4.2.2.1　新兴产业与高技术产业

新兴产业和高技术产业是未来经济发展的重要引擎。这些产业对资本的需求量大，且具有高风险、高回报的特点。为了推动这些产业的发展，开发区需要大力投资于这些领域，提供充足的资金支持，促进技术创新和产业升级。具体的，首先，新兴产业和高技术产业的核心在于持续的研发与创新。未来开发区需要在研发设施、实验室建设、技术开发等方面投入大量资金（王宏起等，2024）。其次，高技术产业的发展离不开先进的基础设施支持，包括高速宽带网络、智能制造设备和绿色能源设施等。最后，新兴产业通常具有高风险、高回报的特点，开发区需要设立专门的风险投资基金和创业基金，吸引社会资本和私人资本投入这些高风险领域。

4.2.2.2 传统产业转型升级

传统产业的转型升级是实现经济高质量发展的关键（刘强和李泽锦，2022）。为了推动传统产业的现代化改造，开发区需要在技术改造、设备更新和绿色转型等方面提供大量资金支持。具体的，首先，传统产业需要通过技术改造和设备更新提升生产效率和产品质量，全面提升制造业的现代化水平。其次，推动传统产业的绿色转型是实现可持续发展的重要举措。开发区需要在环保设施建设、污染治理和资源循环利用等方面进行大量投资。最后，信息化和智能化改造是传统产业提升竞争力的重要途径。开发区需要在智能制造、工业互联网和大数据应用等领域进行大量投资。

4.2.3 资本配置建议

为确保开发区产业的高质量发展，需要在资本配置方面采取一系列综合性的政策措施。本节从加强政府投资引导、优化企业融资环境、提升外资引入质量和完善资本市场机制四个方面提出具体的政策建议，旨在解决当前存在的问题，提升资本配置效率，为未来产业发展提供有力支持。

4.2.3.1 加强政府投资引导

政府投资在基础设施建设、公共服务和科技创新等领域发挥着重要的引导作用。通过优化政府投资策略，带动社会资本和外资的投入，形成多元化的投资体系，提升整体投资效率和效益。第一，设立专项投资基金。政府应在新兴产业和高技术产业领域，设立专项基金支持关键技术研发和产业化项目。第二，优化投资项目选择。政府应在项目选择过程中更加注重市场需求和产业发展趋势，避免重复建设和资源浪费。通过科学的项目评估和决策机制，确保投资项目的高效和可持续发展。第三，加强政策支持。政府应提供税收减免、财政补贴和低息贷款等政策支持，激励企业加大技术研发和创新领域的投资力度。通过政策引导，鼓励企业增加长期投资，提升整体资本使用效率。

4.2.3.2 优化企业融资环境

优化企业融资环境，为中小企业和初创企业提供更多的融资渠道和支持，是提升资本配置效率的关键。通过创新融资模式和完善金融服务，降低企业融资成本，提升企业的资金获取能力。第一，政府应鼓励金融机构创新融资产品，增加供应链金融、股权融资等多样化的融资方式，满足企业多样化的融资需求。设立区域金融服务平台，为企业提供一站式金融服务，帮助企业优化资本运作和管理。第二，通过设立政府担保基金和创业基金，降低中小企业和初创企业的融资门槛和成本。第三，简化融资流程。政府应通过政策引导和制度创新，简化企业融资流程，降低企业融资成本。通过建立高效透明的融资机制，提升企业资金流动性，支持企业快速发展。

4.2.3.3 提升外资引入质量

外资引入不仅带来资金，还带来先进的管理经验和技术。优化外资引入策略，吸引更多高质量外资进入新兴产业和高技术产业。第一，简化审批流程，提高外资进入的效率。通过设立外资专项引导基金，吸引高技术产业和绿色经济领域的外资项目。第二，加强外资服务。通过设立外资服务中心，为外资企业提供一站式服务，包括政策咨询、投资指导和项目对接等，增强外资企业的信任和满意度。第三，鼓励技术引进。鼓励外资企业在引进资金的同时，引进先进的技术和管理经验。通过技术合作和项目联合开发，提升本地企业的技术水平和竞争力。

4.2.3.4 完善资本市场机制

完善的资本市场机制是提升资本流动性和配置效率的基础。第一，政府应鼓励金融机构开发多元化的金融产品，满足初创企业和高成长性企业的融资需求，推动金融产品创新，提升市场活力。第二，政府应加强资本市场的监管和服务，提升市场的透明度和效率。通过建立科学的市场评估和风险控制机制，确保资本市场的健康发展。第三，政府应设立专门的资本市场服务机构，为企业提供专业的金融咨询和支持服务。通过建立区域资本市场服务平台，提供一站式服务，提升企业融资效率和资本运作水平。

4.3 技术配置

技术创新作为企业发展的主要载体，是推动开发区产业高质量发展的核心力量（刘强等，2022）。2024年，成都高新区管委会发布了《成都高新技术产业开发区加快数字经济产业重点领域高质量发展若干政策》，以促进数字经济的发展；南京江北新区管理委员会发布了《加快科技创新引领未来产业发展"5个100"行动方案（2024—2026年）》，强调省市（高新区）联动，做好相关指标和重大任务分解，加强要素保障，形成推进工作合力；上海张江高新技术产业开发区也发布了《上海张江高新技术产业开发区"十四五"规划》，以推动科技创新中心建设。

本节从技术要素配置的视角出发，详细分析开发区当前的技术要素配置现状及其对产业发展的影响，探讨未来产业发展对技术要素配置的具体需求，并提出有利于推动产业高质量发展的政策建议。

4.3.1 技术配置现状

4.3.1.1 技术创新能力

技术创新能力是衡量一个开发区技术要素配置效果的重要指标。当前，开发区的技术创新能力主要体现在自主研发能力、技术引进和消化吸收能力等方面。技术密集型企业在这方面具有显著优势，依托强大的研发团队和技术平台，推动技术进步和产品升级（籍明明，2024）。

2021年，青岛高新区成立专委会以来，通过"一区多园"的发展模式，科技创新能力稳步提升。在全国高新区排名中，青岛高新区位列第13位，连续两年提升了7个位次；天河区制定了"十四五"科技创新发展规划，目标是到2025年，培育一批具有自主能力和科技引领作用的知名企业和研究机构，科技型中小企业数量突破3 800家，规模以上高新技术企业数量突破1 000家，科技型上市企业累计数达到35家；吴江开发区推出了《吴江经济技术开发区推进数字经济时代产业创新集群发展三年行动计划（2022—2024年）》，电子信息产业和高端装备产业已成为该区的两大主导产业；合肥经开区在产业创新和科技创新方面保持高质量发展态势，综合发展水平位列国家级经开区第11位，位于全省开发区首位。但目前部分企业过于依赖外部技术引进，缺乏核心技术研发能力，且难以将引进的先进技术转化为实际生产力，技术引进和消化吸收能力存在差距。同时，政府在技术创新支持政策的落实和效果评估方面存在不足，限制了企业技术创新能力的提升。

4.3.1.2 技术合作与交流

通过与国内外高校、科研机构和企业的合作，技术密集型企业可以获得先进的技术资源和创新理念，促进技术进步和产业升级（谭用等，2024）。苏州工业园区企业积极参与国内外的技术合作与交流活动。某高科技企业通过与国内知名高校和国际顶尖科研机构合作，开展联合研发项目，取得了多项重要技术突破。园区还定期举办技术交流会和创新论坛，邀请国内外的技术专家和企业家进行交流和合作，提升整体技术水平。北京经济技术开发区坚持"创新驱动、场景带动、生态推动、产业链联动"的发展理念，集聚了国内外一流机器人企业，充分发挥其高精尖产业的规模优势。

目前，开发区在技术合作方面仍存在一些问题。第一，技术合作的深度和广度不足，部分企业的合作项目停留在表面，未能深入开展，导致合作效果不显著。第二，技术交流渠道不畅，部分企业难以获得高质量的技术交流机会，影响了技术水平的提升。第三，国际技术合作面临知识产权保护和技术转移成本高等问题，限制了国际技术合作的广泛开展（贾利军和陈恒烜，2023）。

4.3.1.3 技术基础设施建设

高水平的技术基础设施能够提供良好的研发环境和条件，促进技术密集型企业的成长和发展（吴楚豪和唐婧，2024）。当前，开发区在技术基础设施建设方面采取了多种措施，包括建立科技园区、研发中心和公共技术服务平台等，为企业的技术研发和创新提供支持。

中关村作为我国第一个国家高新技术产业开发区和国家自主创新示范区，近年来在技术基础设施建设方面取得了显著成就。根据《中关村世界领先科技园区建设方案（2024—2027年）》，中关村计划到2027年初步建成世界领先的科技园区，并力争在生命科学等领域达到全球领先水平。该方案强调要打造高水平人才集聚地，促进颠覆性技术和关键核心技术的重大突破。此外，中关村还将加快建成并运行综合极端条件实验装置、高能同步辐射光源、多模态跨尺度生物医学成像设施等重大科技基础设施，以推动能源、空间、物质科学、生命科学等领域的发展。

采用企业技术要素占全部生产要素中的价值之比衡量技术要素配置效率，发现目前开发区在企业技术配置上存在的一些问题。第一，部分开发区的技术基础设施建设不够完善，设备和设施的先进性和全面性不足，影响了企业的研发能力和效率。第二，公共技术服务平台的利用率不高，部分中小企业难以获得有效的技术支持和服务，导致资源浪费。第三，技术基础设施的维护和更新不足，部分设备和设施老化，未能及时进行升级和更新，阻碍了整体技术水平的提升（杨玲等，2023）。

4.3.2 技术配置路径

开发区应通过优化技术创新环境，加强技术转移与应用，完善技术支持服务等途径，满足未来产业发展的具体需求。

4.3.2.1 技术创新环境的配置

未来的技术创新环境需要更加开放、协同和支持，以促进新技术的开发和应用，提升企业的核心竞争力和市场地位。一个良好的技术创新环境能够吸引更多的资源投入技术研发中，推动技术进步和产业升级（李政等，2024）。首先，建立区域内的创新资源共享平台，促进研发设备、技术资料和人才资源的共享。企业可以通过平台获得所需的技术资源，降低研发成本，提高创新效率。其次，设立多个科技创新孵化器，孵化器应配备先进的实验设备和技术指导，支持企业进行技术研发和创新（冯苑等，2021），为初创企业提供办公空间、实验设施和技术支持，帮助它们迅速成长和发展。最后，在开发区内建立高水平的研发中心和实验室，为企业提供一流的研发环境和条件，加速技术成果的转化和应用。

4.3.2.2 技术转移与应用的配置

技术转移与应用是实现技术创新成果的重要环节。未来的技术转移与应用需要更加高效和灵活，能够快速将新技术引入生产和市场，提升企业的技术水平和市场竞争力（史丹等，2023）。可以通过建立专门的技术转移中心，促进技术成果的转化和应用。技术转移中心应提供技术评估、知识产权保护和技术推广等服务，帮助企业将新技术快速应用于生产。同时，搭建国际技术合作平台，促进国内外企业、高校和科研机构之间的技术交流与合作。通过国际合作，引进先进的技术和管理经验，提升本地企业的技术水平。

4.3.2.3 技术支持服务的配置

高效的技术支持服务是支撑技术创新和产业发展的重要保障。更加全面和专业的技术支持服务，能够为企业提供全方位的技术咨询和支持，提升企业的技术研发和应用能力（高粼彤等，2024）。企业可以通过公共技术服务平台获得专业的技术支持，提升自身的技术水平和研发能力。培训机构应根据企业的需求，提供定制化的培训课程和技术指导，帮助企业提升技术能力。企业间也可以建立覆盖整个开发区的技术支持网络，确保企业能够随时获得所需的技术帮助和服务。

4.3.3 技术配置建议

为确保开发区产业的高质量发展，需要在技术要素配置方面采取一系列综合性的政策措施。本节从改善技术创新环境，推动技术转移与合作，优化技术基础设施三个方面提出了具体的政策建议，旨在提升技术要素配置效率，为未来产业发展提供有力支持。

4.3.3.1 改善技术创新环境

改善技术创新环境是推动产业高质量发展的基础。通过优化政策支持、增强资源配置和创新制度，营造良好的技术创新氛围，激励企业进行持续的技术创新，提升整体技术水平。第一，完善政策框架。制定长期、稳定的科技政策，提供税收减免、研发补贴和创新基金，确保企业在技术研发过程中获得持续的支持。第二，优化创新资源分配。创建创新资源共享平台，促进设备、技术和人才的共享，提高资源利用效率，降低企业创新成本。第三，强化制度保障。完善知识产权保护、科技成果转化和激励机制，保障企业创新权益，激发企业创新活力。

4.3.3.2 推动技术转移与合作

推动技术转移与合作是推动产业高质量发展的重要抓手。通过技术要素的高效流动与协同创新，开发区可实现从"规模扩张"向"质量效益"的转型，最终形成创新驱动、绿色集约、开放协同的现代产业体系。第一，加速技术创新与成果转化。通过产学研合作和国际技术转移，开发区企业能够快速获取前沿技术，突破产业链关键环节的"卡脖子"技术问题（如芯片制造、高端装备等），提升产业核心竞争力。第二，促进资源高效配置与要素流动。技术交易平台（如区域性技术市场、专利导航系统）推动技术供需精准对接，实现技术、人才、资本等要素的高效匹配；与此同时，科技金融工具（如技术入股递延纳税、知识产权证券化）吸引社会资本参与技术转化，形成"技术+资本"双轮驱动模式。第三，推动区域经济高质量发展。一方面，技术转移通过优化资源配置和技术升级，显著提升土地、劳动力、资本等传统要素的使用效率，助力开发区实现产业升级与"双碳"目标协同发展；另一方面，新兴产业和高端制造企业的技术转化成果可带动高技能岗位需求，增加地方财政收入。

4.3.3.3 优化技术基础设施

高水平的技术基础设施是支撑技术创新和产业发展的重要因素。通过加大基础设施建设投入，提升技术基础设施的水平，为企业的技术研发和创新提供坚实的基础。第一，增加基础设施投资。加大对科技园区、研发中心和公共技术服务平台的建设投入，提升整体技术基础设施水平，确保企业拥有先进的研发环境。第二，提高公共服务平台利用率。优化公共技术服务平台的运营和管理，提供高效的技术咨询、设备共享和培训服务，帮助企业提升技术水平。第三，加强基础设施维护。建立定期检查和更新机制，确保设备和设施的先进性与可靠性，提高整体技术基础设施水平。

4.4 本章小结

本章围绕开发区产业高质量发展的核心要素展开，系统分析了劳动力、资本和技术三类要素的配置现状、挑战与对策。通过多维度的理论探讨与实践案例分析，提出了相应的政策建议，为开发区的可持续发展提供了理论基础和实践指导。首先，在劳动力配置方面，本章从"引才、育才、用才、留才"的现实状况出发，系统分析了开发区在人才引进、职业培训、技能提升等方面的现状与挑战。提出通过加强校企合作，完善继续教育体系，优化人才引进政策，改善生活配套设施等措施，提高劳动力配置效率，促进开发区产业高质量发展。其次，在资本配置方面，本章基于融资环境、资本使用效率、资本流动性三个方面，深入探讨了开发区在资本引导、融资渠道拓展、资本市场建设等方面的实践与问题。提出通过设立专项投资基金、优化企业融资环境、鼓励外资进入高新技术领域、完善资本市场机制等策略，提升资本配置效率，支持开发区产业转型升级和持续创新。最后，在技术配置方面，本章从技术创新能力、技术合作与交流、技术基础设施建设三个方面，系统探讨了开发区在技术研发、技术转移、技术支持等方面的现状与不足。提出通过改善技术创新环境，搭建国际技术合作平台，加强技术基础设施建设等措施，提升技术要素配置效率，促进开发区技术进步和产业升级。

5 | 开发区产业转型升级高质量发展

▲ 开发区产业转型升级的核心动力
▲ 开发区产业转型升级的实施路径
▲ 开发区产业转型升级的成功实践经验
▲ 本章小结

本章系统阐述开发区产业转型升级层面高质量发展的三大动能与三条路径。资本驱动、人才集聚和创新驱动构成了转型升级的动力基础，通过有效的资本配置、高端人才引进及创新机制，开发区逐步实现产业链的优化与升级。在实施层面，传统产业的智能化转型，战略性新兴产业的培育壮大，及未来产业的布局成为关键路径。结合北京开发区和城市群协作的案例，本章进一步探讨区域协同在产业链延伸和价值链提升中的关键作用，为开发区产业高质量发展提供经验借鉴。

5.1 开发区产业转型升级的核心动力

开发区产业转型升级的三大核心动力分别是：资本、人才和创新，这三大动力之间存在着紧密的逻辑联系，共同构成了开发区产业转型升级的核心支撑体系。资本驱动是基础，提供了产业发展的资金支持，为创新和人才引进奠定了物质基础；人才集聚是关键，通过高端人才的引领，推动创新能力的提升和技术突破；而创新驱动是结果，通过科技创新的推动，最终实现了产业链的优化与升级。三者相辅相成，形成从资本投入到人才集聚，再到创新突破的良性循环，推动开发区产业转型升级，进而实现高质量发展（刘明宇，2009）。

资本是产业升级的基础动力。通过高效的资本配置，资金可以更快、更精准地流向具有高附加值和创新潜力的产业领域，支持这些行业的技术升级和生产能力扩展。资本不仅提供了必要的资金支持，用于基础设施建设、技术研发和设备更新，还通过推动投融资机制的优化，使开发区的产业具备持续成长和应对市场变化的能力。因此，资本驱动是整个开发区产业转型升级的先导，能够为后续的技术创新和人才集聚提供强大的资金保障。

人才是创新的核心力量，是推动技术进步和产业优化升级的关键要素。高端人才的引进与培养，使得开发区能够具备在技术研发、管理优化和市场拓展等方面的优势。随着全球化竞争加剧，拥有高水平人才的开发区能够通过技术创新和产品研发，在产业链的高端环节取得突破，带动整体产业链的升级。同时，人才集聚还能够增强区域的吸引力，形成"智力高地"，促进更多高端产业的集聚和创新生态的完善。因此，人才集聚是将资本转化为实际创新成果的重要纽带。

科技创新是推动产业高质量发展的核心引擎。在资本和人才的支持下，开发区通过技术研发、产品创新和生产工艺改进，实现了产业链的高端化和智能化升级。创新不仅推动了企业在全球市场上的竞争力，还使开发区在产业链的各环节实现了更高效的资源配置和产能优化。科技创新带来的新技术、新产品和新服务不断涌现，推动了产业结构的优化调整，使开发区逐步向产业链的高端延伸，实现可持续的高质量发展。

通过资本、人力资源和技术的优化配置，以及产业链的协同发展，开发区能够实现产业链的升级和高质量发展。这种综合性的战略不仅提升了开发区的竞争力，还为区域经济的可持续发展提供了有力保障。图5.1展现了开发区在全球化背景下实现转型升级的路径和逻辑。

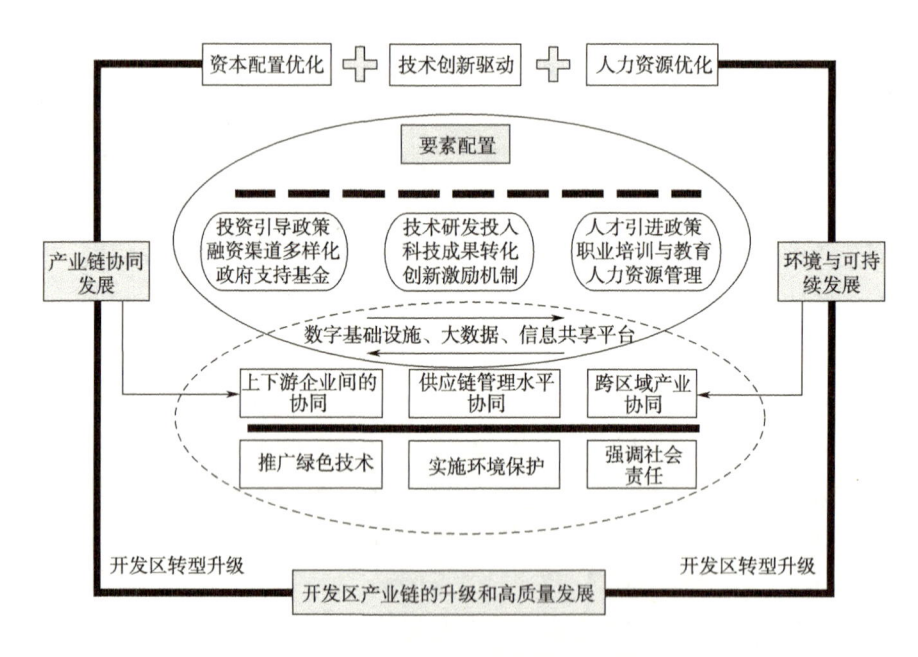

图5.1 开发区要素配置的优化路线

通过投资引导政策、融资渠道多样化和政府支持基金，确保开发区能够获得充足的资金支持。同时，增加技术研发投入，促进科技成果转化，设立创新激励机制，激励企业和研究机构不断进行技术创新。此外，通过人才引进政策、职业培训与教育以及人力资源管理，提升开发区的人力资本质量，为高端产业和技术创新提供坚实的人才基础（卞泽阳等，2021）。

为了实现产业链的协同发展，开发区需要推动上下游企业的协同合作，提升供应链管理水平，并加强跨区域产业的协同。同时，推广绿色技术的应用，实施严格的环境保护措施，增强企业的社会责任感，实现环境与可持续发展的目标。通过建立强大的数字基础设施，利用大数据和信息共享平台，促进信息资源的高效利用和企业之间的协同合作。这些措施不仅提升了开发区的竞争力，还为区域经济的可持续发展提供了有力保障，全面阐释了开发区在全球化背景下实现转型升级的路径和逻辑。

5.1.1 资本驱动

资本在推动开发区高质量发展中发挥了至关重要的作用。从区域资本分布与发展、资本市场与科技创新、金融科技融合、区域协同发展和产业升级等方面看，优化资本配置是各大开发区实现高质量发展的关键。表5.1揭示了资本在推动开发区高质量发展中的作用表现。

表5.1 2022年中国产业园区金融力

排名	产业园区名称	排名	产业园区名称
1	深圳市高新技术产业园区	16	苏州高新技术产业开发区
2	中关村科技园区	17	重庆高新技术产业开发区
3	北京经济技术开发区	18	天津经济技术开发区
4	广州高新技术产业开发区	19	杭州余杭经济技术开发区
5	上海张江高新技术产业开发区	20	宁波高新技术产业开发区
6	广州经济技术开发区	21	辽宁经济技术开发区
7	成都高新技术产业开发区	22	天津滨海高新技术产业开发区
8	西安高新技术产业开发区	23	厦门火炬高技术产业开发区
9	苏州工业园区	24	无锡高新技术产业开发区
10	武汉东湖新技术产业开发区	25	南京经济技术开发区
11	南京高新技术产业开发区	26	济南高新技术产业开发区
12	合肥高新技术产业开发区	27	杭州经济技术开发区
13	杭州高新技术产业开发区	28	天津武清开发区
14	长沙高新技术产业开发区	29	上海漕河泾新兴技术开发区
15	广州南沙经济技术开发区	30	上海金桥经济技术开发区

广东和江苏两省分别有5个园区入围，占比17%。其中，深圳市高新技术产业园区排名第一，广州高新技术产业开发区排名第四，广州经济技术开发区排名第六。这些园区在金融力排名中表现突出，得益于其强大的产业集聚效应和资本投入。深圳市高新园区依托资本市场的支持，吸引了大量高新技术企业入驻，推动了深圳在高新技术产业领域的领先地位。具体数据方面，深圳市高新园区的企业数量超过3 000家，其中高新技术企业占比达到70%以上。

北京的中关村科技园区和北京经济技术开发区分别排名第二和第三。中关村科技园区凭借强大的资本政策优势和高等级财政科技资金引导，成为世界领先的科技园区之一。数据显示，中关村科技园区的上市公司数量已超过350家，总市值达数万亿元。这些公司通过资本市场获得了巨大的发展动力。

金融科技融合在深圳和广州的园区中表现尤为明显。深圳市高新技术产业园区和广州高新技术产业开发区，分别通过"2+3+N"战略和科技金融融合策略，显著提升了区域的创新能力和经济活力。深圳市高新园区的科技企业在资本市场的支持下，研发投入占企业总收入的比例平均达到15%以上，创新成果显著。

区域协同发展方面，天津、上海、南京、杭州等城市均有多个园区入围，如天津经济技术开发区、天津滨海高新技术产业开发区，南京高新技术产业开发区等。这些城市利用其区域优势，通过资本的高效配置和科技资源的整合，形成了强大的协同效应。以天津滨海高新技术产业开发区为例，该区吸引了超过2 000亿元的资本投入，推动了区域内高新技术产业的快速发展。

资本在推动产业升级方面也发挥了重要作用。杭州高新技术产业开发区通过引导资本流向高新技术和绿色经济，实现了从传统制造业向高附加值产业的转变。数据显示，杭州高新区的绿色经济产业增加值年均增长率超过20%，成为区域经济增长的重要引擎。

5.1.2 人才集聚

各大开发区通过多种人才引进政策和优化措施，有效吸引和留住了大量高端技术人才，为区域内的产业升级和技术创新提供了有力支持。有效的人才建设措施不仅提升了开发区的综合竞争力，也为其他区域的人才引进和人力资源优化提供了宝贵的经验和参考（陈永清和阳镇，2017）。

表5.2展示了重点产业的人才引进政策，各开发区在引进高端人才方面采取了多种有效措施。例如，北京经济技术开发区针对电子信息、医药健康、汽车制造等核心领域，制订高层次人才引进计划，提供包括住房补贴、科研经费支持等。这些政策吸引了大量高端技术人才，为区域的高科技产业发展提供了坚实的人才基础。

表5-2 重点产业人才引进政策

开发区名称	核心领域	人才政策
北京经济技术开发区	高新技术产业	制订高层次人才引进计划，提供包括住房补贴、科研经费支持等
上海张江高科技园区	生物医药、人工智能	设立专项基金支持高层次人才科研活动，提供生活补贴
深圳高新技术产业园区	信息技术	通过"孔雀计划"引进海外高层次人才，提供安家费、科研启动资金等支持
杭州高新技术产业开发区	互联网、电子商务	提供住房补贴、人才公寓等生活支持，鼓励创新创业
武汉东湖高新技术开发区	光电子、生物技术	实施"3551光谷人才计划"，吸引海内外高层次人才
苏州工业园区	精密制造、医药研发	提供研发补助、创业资金支持、生活配套设施等
广州南沙经济技术开发区	物流与供应链、金融科技	实施"南沙人才计划"，提供人才引进补贴和住房支持
天津经济技术开发区	电子信息、汽车技术	提供人才引进补贴、研发经费支持等
重庆两江新区	智能制造、生物技术	实施"鸿鹄计划"，吸引和培养高端人才
成都高新技术产业开发区	软件开发、生物医药	提供人才公寓、科研资金、创业补贴等

资料来源：由相关文献和政府报告文件整理得出。

上海张江高科技园区同样在生物医药、信息技术和人工智能等领域设立了专项基金，支持高层次人才的科研工作和生活安排。具体数据显示，张江高科技园区每年吸引超过3 000名高端人才，涵盖多个高科技领域，显著提升了区域的创新能力。

深圳南山区通过"孔雀计划"引进海外高层次人才,为其提供优厚的安家费、科研启动资金等支持。这一政策使深圳在全球范围内吸引了大量的高端技术人才和科研团队,推动了区域内的技术创新和产业升级。数据显示,深圳南山区每年通过"孔雀计划"引进的高端人才超过2 000人,其中包括多名国家级人才。

杭州高新技术产业开发区在电子商务、信息技术、环保科技等领域,提供住房补贴和人才津贴,鼓励创新创业。具体政策措施显示,杭州高新区每年投入超过10亿元用于高端人才的引进和支持,有效促进了区域内创新企业的成长和发展。

苏州工业园区在精密制造、生物医药等领域,提供创业补贴和创业支持,吸引了大量高端技术人才和创业团队入驻。数据显示,苏州工业园区的创业企业每年新增超过1 000家,高端人才的引进推动了区域经济的发展。

从岗位需求层面看(见表5.3)。北京经济技术开发区对硕士及以上学历的人才需求占比高,核心岗位包括研发工程师、数据分析师等,需求等级为高。表明北京经济技术开发区在高科技和创新领域对高端人才有着强烈需求。上海张江高科技园区的人才需求主要集中在生物医药研究员、AI工程师等核心岗位,需求等级也为高。深圳南山区的人才需求涵盖了软件开发工程师、系统架构师等,显示了其在信息技术和软件服务领域的强劲发展需求。

表5.3 重点产业领域人力资源开发目录

开发区名称	人力资源岗位要求	核心岗位	急需等级
北京经济技术开发区	本科及以上学历,3年以上相关工作经验	研发工程师、数据分析师	高
上海张江高科技园区	硕士及以上学历,5年以上相关工作经验	生物医药研究员、AI工程师	高
深圳高新技术产业园区	本科及以上学历,3年以上相关工作经验	软件开发工程师、系统架构师	高
杭州高新技术产业开发区	本科及以上学历,2年以上相关工作经验	电商运营经理、产品经理	中
武汉东湖高新技术开发区	硕士及以上学历,5年以上相关工作经验	光电技术工程师、生物技术研究员	高

续表

开发区名称	人力资源岗位要求	核心岗位	急需等级
苏州工业园区	本科及以上学历，3年以上相关工作经验	制造工程师、医药研发工程师	高
广州南沙经济技术开发区	本科及以上学历，3年以上相关工作经验	供应链经理、金融分析师	中
天津经济技术开发区	本科及以上学历，3年以上相关工作经验	电子工程师、汽车工程师	中
重庆两江新区	本科及以上学历，3年以上相关工作经验	智能制造工程师、生物技术工程师	高
成都高新技术产业开发区	本科及以上学历，3年以上相关工作经验	软件工程师、生物医药研究员	中

数据来源：《重点产业领域人力资源开发目录》。

5.1.3 创新驱动

技术创新驱动在开发区的要素配置中起到了关键作用。深圳市高新技术产业园区、中关村科技园区、广州高新技术产业开发区等，通过优化创新资源配置，加强研发投入，促进科技成果转化，有效提升了区域的创新能力和经济活力（卜文超和盛丹，2024）。

图5.2展示了不同开发区在创新能力、创新效率等方面的得分情况。通过对这些得分的分析，我们可以看到，深圳市高新技术产业园区、中关村科技园区、北京经济技术开发区等，在技术创新方面表现突出。这些开发区的创新能力得分均为5，创新效率得分也处于较高水平，显示了在创新资源整合和成果转化方面的卓越表现。

深圳市高新技术产业园区作为全国创新能力最强的开发区之一，创新活力得分为5，创新效益得分也达到5。表明深圳高新园区在吸引高端人才、研发投入和科技成果转化等方面均表现出色。实际数据显示，深圳市高新技术产业园区内企业的研发投入占其营业收入的比重达到了15%以上，远高于全国平均水平。

园区技术创新评价热力图:

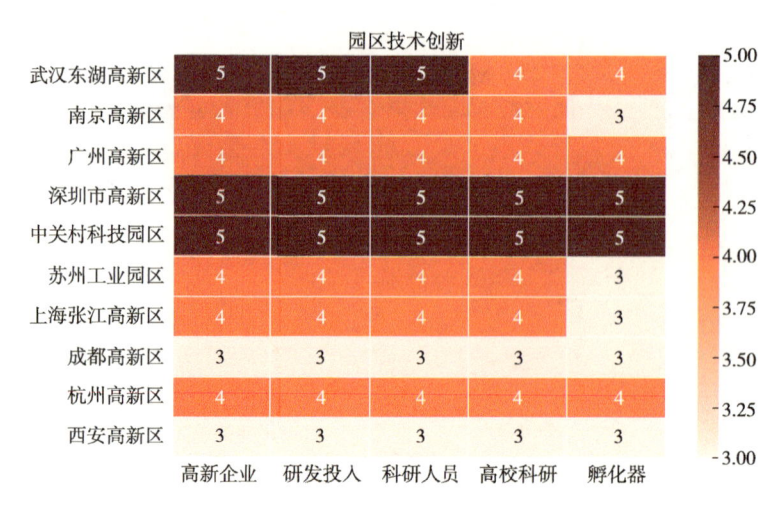

园区	高新企业	研发投入	科研人员	高校科研	孵化器
武汉东湖高新区	5	5	5	4	4
南京高新区	4	4	4	4	3
广州高新区	4	4	4	4	4
深圳市高新区	5	5	5	5	5
中关村科技园区	5	5	5	5	5
苏州工业园区	4	4	4	4	3
上海张江高新区	4	4	4	4	3
成都高新区	3	3	3	3	3
杭州高新区	4	4	4	4	4
西安高新区	3	3	3	3	3

图5.2　园区技术创新分维度评价热力

中关村科技园区同样展现了强大的技术创新驱动力，创新能力和创新效率得分均为5。作为国家级科技园区，中关村聚集了大量的高科技企业和研发机构，成为全国科技创新的标杆。具体数据显示，中关村科技园区的高新技术企业数量超过2万家，专利申请数量也保持高速增长，每年新增专利申请超过1万件。

广州高新技术产业开发区和广州经济技术开发区的创新能力和创新效率也非常突出，两者的创新能力分别得分5和4，创新效率得分为5和4。广州高新技术产业开发区通过"2+3+N"战略，构建了以科技创新为核心的产业生态系统，推动区域内高端制造业和现代服务业的快速发展。数据显示，广州高新区每年吸引超过200亿元的科研资金投入，推动了大批创新项目的落地和发展。

图5.3展示了不同开发区的创新活力和创新效益对比，进一步说明了各开发区在技术创新方面的实际效果。可以看出，深圳市高新技术产业园区和中关村科技园区的创新活力和创新效益均处于领先位置，说明这些开发区不仅在创新资源的引入和整合上有卓越表现，而且在创新成果的转化和应用上也取得了显著成效。深圳市高新园区的科技成果转化率达到70%，远高于全国平均水平。

从具体城市分布看，广州、深圳、北京等城市的开发区在技术创新驱动方面表现突出。广州高新技术产业开发区的"2+3+N"战略创新集群，通过整合区域内的创新资源，形成了高端科创资源集聚地。这些开发区通过引入高水平的研发机构和企业，不断提升区域内的技术创新能力和竞争力。

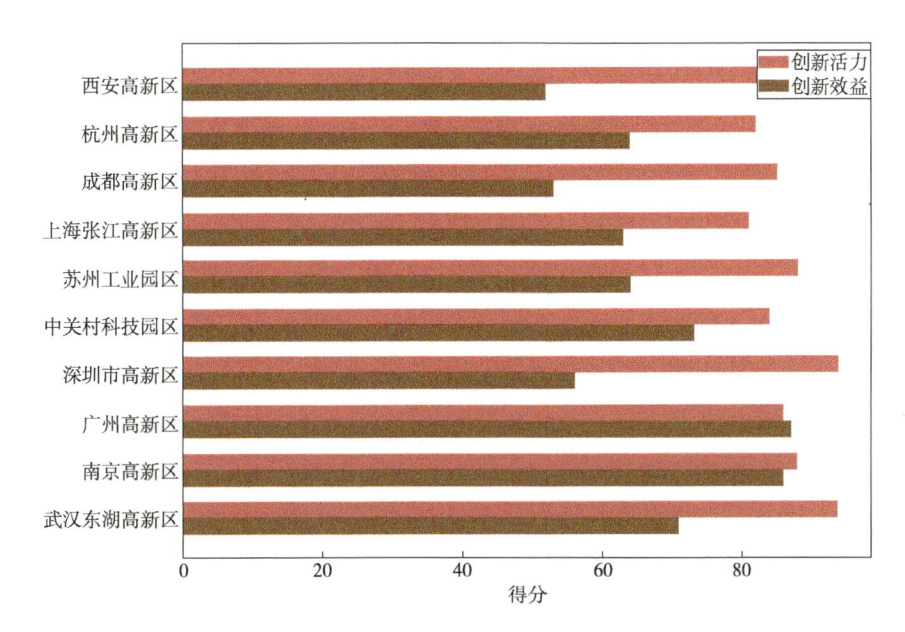

图5.3　2022年园区技术创新动力（创新活力与效益）

5.2　开发区产业转型升级的实施路径

上节详细探讨了以要素配置为导向的产业链升级，从资本配置优化、技术创新驱动到人力资源优化，揭示了各开发区在高质量发展中的具体策略和成效。各地通过引导资金流向高新技术、实施高层次人才引进计划和推动科技创新，为产业链的全面升级提供了坚实基础。

本节从产业转型升级的三个层面展开分析。传统产业的转型升级、战略性新兴产业的壮大以及未来产业的培育。传统产业转型升级通过技术改造和管理创新，提高生产效率和产品附加值，确保其在新经济环境中的竞争力。壮大战略性新兴产业则依托科技创新和市场需求，发展前瞻性和高成长性的产业，推动经济结构优化和质量提升。培育未来产业着眼于长远发展，通过前沿技术研发和创新模式探索，打造引领未来经济的新兴产业集群。

5.2.1　传统产业

2014年，国务院办公厅印发《关于促进国家级经济技术开发区转型升级创新发展的若干意见》，部署进一步发挥国家级经济技术开发区改革试验田和开放排头兵作用,促进国家级经济技术开发区转型升级、创新发展。自2012年以来,中国产业园区数量不断增加,传统产业产能过剩的不平衡态势加剧,改造提升传统产业是开发区产业转型迫在眉睫的大事(何则等,2020)。

5.2.1.1 钢铁产业园区转型升级分析

表5.4展示了各地钢铁产业园区在转型升级中的不同路径和显著成果,通过技术与装备的升级和环保转型,实现了生产效率的提升和环境影响的减少。重庆中冶赛迪集团通过引进大型高炉节能技术,并升级为智能远程操控系统,实现了生产过程的智能化和节能化,提高了生产效率,显著减少了能耗。广东宝钢湛江钢铁公司则在环保转型方面取得了突出成绩,建立了全链条废气回收发电系统,实施废水零排放项目,显著降低了环境污染,优化了资源利用。江苏南京钢铁股份有限公司在技术与装备升级中,通过实施智能化制造系统和应用大数据分析优化生产流程,提升了生产线的智能化水平,显著提高了生产效率和产品质量。山东钢铁集团则推行绿色生产工艺,建设污水处理回用系统,确保了水资源的循环利用,减少了污染排放。

表5.4 中国部分省份钢铁公司/产业园区的转型升级实例

省份	公司/产业园区	升级手段类别	具体措施
重庆	中冶赛迪集团	技术与装备	引进大型高炉节能技术,升级为智能远程操控系统
广东	宝钢湛江钢铁公司	环保转型	建立全链条废气回收发电系统,实施废水零排放项目
江苏	南京钢铁股份有限公司	技术与装备	实施智能化制造系统,应用大数据分析优化生产流程
山东	山东钢铁集团	环保转型	推行绿色生产工艺,建设污水处理回用系统
河北	河钢集团	技术与装备	引入全自动化生产线,实现生产过程的智能控制
辽宁	鞍山钢铁集团	环保转型	实施低碳生产技术,减少二氧化碳排放量
湖南	湘潭钢铁集团	技术与装备	采用先进的高效炼铁技术,提高生产效率和产品质量
湖北	武汉钢铁集团	环保转型	开展废弃物资源化利用项目,建设循环经济示范园区

续表

省份	公司/产业园区	升级手段类别	具体措施
四川	攀钢集团	技术与装备	开发新型高强度钢材,提高产品附加值
安徽	马鞍山钢铁公司	环保转型	实施清洁生产技术,减少工业废气排放
浙江	杭钢集团	技术与装备	应用智能制造技术,实现生产线的自动化和信息化
福建	福建青山钢铁有限公司	环保转型	建立节能减排技术体系,实现能源的高效利用
天津	天津钢管集团	技术与装备	引入先进的无缝钢管生产技术,提高产品竞争力
上海	宝钢股份	环保转型	推行全流程清洁生产工艺,减少污染物排放

注资料来源:由相关文献和政府报告、文件整理得出。

5.2.1.2 煤炭产业园区转型升级分析

根据表5.5,中国部分省份的煤炭产业园区正在通过多种手段进行转型升级,以提高生产效率、降低环境影响和提升资源利用效率。

表5.5 中国部分省份煤炭公司/产业园区的转型升级实例

省份	公司/产业园区	升级手段类别	具体措施
山西	晋能控股集团	技术与装备	引进智能化采煤设备,实施无人值守矿山系统
内蒙古	神华集团	环保转型	推行煤炭清洁利用技术,建设煤炭洗选和脱硫设施
陕西	陕西煤业化工集团	创新与研发	建设煤炭深加工研发中心,开发煤制油、煤制气技术
河南	河南能源化工集团	绿色制造	推广煤矿瓦斯抽采利用,减少甲烷排放
贵州	贵州盘江矿业集团	技术与装备	引入高效综采设备,提升煤炭开采效率
黑龙江	龙煤集团	环保转型	实施矿区生态恢复工程,减少矿区环境破坏
安徽	淮南矿业集团	技术与装备	应用智能通风系统,提高矿井安全性
山东	兖矿集团	创新与研发	设立煤化工研究院,推动煤化工产业升级
河北	开滦集团	绿色制造	开展煤矸石综合利用项目,提升资源利用效率

续表

省份	公司/产业园区	升级手段类别	具体措施
湖南	湖南煤业集团	环保转型	实施矿山废水处理和回用工程
新疆	新疆广汇能源	技术与装备	引入煤炭地下汽化技术,提高煤炭资源利用率
云南	云南煤化集团	创新与研发	推动煤层气勘探与开发,拓展清洁能源
辽宁	辽宁能源集团	绿色制造	开展废弃矿井资源化利用,发展循环经济
甘肃	甘肃煤炭集团	技术与装备	实施煤矿智能化改造,提升生产效率
四川	四川煤业集团	环保转型	推进煤矿区土地复垦和生态修复

资料来源：由相关文献和政府报告文件整理得出。

山西的晋能控股集团引进智能化采煤设备，实施无人值守矿山系统，显著提升了采煤效率和安全性。智能化采煤设备不仅减少了人工成本，提高了矿井的安全性和稳定性，同时确保了生产的连续性和高效性（房静坤和曹春，2019）。

内蒙古神华集团通过推行煤炭清洁利用技术，建设煤炭洗选和脱硫设施，降低了煤炭使用过程中的污染排放。具体措施包括高效洗选技术和先进的脱硫装置，2019—2022年，围绕新型化工及煤炭清洁利用领域，将煤炭清洁高效利用新技术、煤基产品高端化应用技术研发应用、煤层气大规模开发利用等23个研究内容作为重点支持方向；共支持实施自治区科技重大专项、关键技术攻关、重点研发和成果转化项目33项，支持资金8 400余万元。

陕西煤业化工集团在创新与研发方面，建设了煤炭深加工研发中心，开发煤制油和煤制气技术。这些技术不仅拓展了煤炭的利用途径，还大幅提升了煤炭的附加值。

甘肃等地推动煤炭等传统产业的改造提升，采取包括数字化转型在内的多项措施，力求在2024年完成传统产业的"三化"（机械化、信息化、智能化）改造投资超过160亿元。山西深入推动煤炭开采方式变革，目标是到2035年发展为成熟的绿色开采技术，形成煤炭清洁生产的长效机制。煤炭行业正积极响应国家政策，通过技术革新、环境保护、创新驱动和绿色转型等维度策略，加速推进煤炭产业的现代化和可持续发展。

5.2.1.3 食品加工产业园区转型升级分析

近年来，中国各地食品加工产业园区积极响应国家产业升级号召，通过多维度策略推动行业革新。表5.6显示了中国食品加工产业在转型升级中的多元化探索，从技术革新到环保实践，再到产品研发和绿色制造，各产业园区正以前所未有的力度推动产业向高效、环保、创新和可持续的方向发展。这不仅提升了中国食品加工产业的整体竞争力，也为全球食品行业提供了宝贵的经验与启示。

表5.6 中国部分省份食品加工产业园区的转型升级实例

省份	产业园区	升级手段类别	具体措施
山东	青岛食品产业园	技术与装备	引进全自动生产线，提升生产效率和产品质量
广东	广州南沙食品加工园区	环保转型	推行绿色生产工艺，减少废水和废气排放
江苏	苏州高新区食品产业园	创新与研发	建立食品研发中心，开发健康食品和功能性食品
浙江	宁波象山食品加工区	绿色制造	推广节能设备和技术，降低能耗和资源浪费
河南	郑州食品产业园	技术与装备	应用智能化仓储和物流系统，提升物流效率
北京	北京顺义食品加工园区	环保转型	建设污水处理设施，实现废水零排放
福建	厦门食品加工产业园	创新与研发	设立食品安全检测中心，确保产品安全
湖北	武汉东湖高新食品产业园	技术与装备	使用先进包装技术，提高产品保鲜期和安全性
湖南	长沙食品加工园区	环保转型	推动绿色生产技术，减少生产过程中的污染物排放
四川	成都食品加工产业园	创新与研发	设立食品创新孵化中心，支持初创企业发展
辽宁	大连食品加工园区	绿色制造	推广清洁生产工艺，减少生产过程中的能源消耗
安徽	合肥食品产业园	技术与装备	引进高效生产设备，提升生产效率和产品竞争力
上海	上海嘉定食品加工区	环保转型	实施全流程环保管理，减少环境污染
天津	天津滨海食品加工区	创新与研发	建设食品科技研发基地，推动技术创新和应用
陕西	西安食品加工产业园	绿色制造	采用低碳环保生产模式，减少碳排放

资料来源：由相关文献和政府报告、文件整理得出。

山东省青岛食品产业园区通过引进全自动生产线，显著提升了生产效率与产品质量，展现了技术与装备升级的重要性。与此同时，广东省广州南沙食品加工园区等单位致力于环保转型，推行绿色生产工艺，有效减少了废水和废气排放，体现了对环境可持续性的高度关注。

在创新与研发领域，江苏省苏州高新区食品产业园建立了专业研发中心，聚焦于健康食品与功能性食品的开发，不仅丰富了产品线，也满足了市场对高品质食品的需求。类似的，北京顺义食品加工园区等通过建设污水处理设施，实现了废水零排放，为环保转型树立了典范。

绿色制造成为普遍趋势，湖北武汉东湖高新食品产业园通过采用先进包装技术延长产品保鲜期，同时提升了安全性。四川省成都食品加工产业园则通过设立食品创新孵化中心，为初创企业提供成长土壤，促进了行业的创新发展与生态构建。

此外，重庆市政府出台《十条政策》，引导食品加工企业进行数字化改造，并启动众多数字化转型项目；安徽省砀山县则专注于提升水果加工业的"含绿量"，实施多项举措促进产业绿色转型，包括创建绿色食品原料标准化生产基地；燕郊高新区通过举办创新食品加工工艺与高端装备技术交流会，推动产业科技创新；多地如淮北市、永仁县等正着力于产业园区基础设施建设与智能化升级，强化产学研合作机制，以及优化产业结构，旨在打造高效能、可持续的绿色食品加工体系。这些实践不仅促进了生产效率与产品质量的提升，还显著增强了产业的环境友好性和市场竞争力，标志着我国食品加工行业正向高技术含量、高附加值的现代化模式迈进。

5.2.1.4　纺织服装产业园区转型升级分析

表5.7概述了中国部分省份纺织服装产业园区在转型升级方面的典型实例，展示了全国部分省份纺织服装产业在追求高质量发展道路上的多样化实践。

表5.7　中国部分省份纺织服装产业园区的转型升级实例

省份	产业园区	升级手段类别	具体措施
浙江	绍兴柯桥纺织产业园区	技术与装备	引进智能化纺织生产线，提高生产效率和产品质量
江苏	苏州吴江高新区纺织园区	环保转型	推行清洁生产工艺，减少染料和化学品的使用

续表

省份	产业园区	升级手段类别	具体措施
广东	东莞虎门服装产业园	创新与研发	设立服装设计研发中心，开发时尚环保面料
山东	青岛即墨服装产业园区	绿色制造	推广节能设备和技术，降低能耗和碳排放
福建	泉州石狮纺织服装产业园区	技术与装备	使用先进的染整技术，提高产品附加值
北京	北京大兴纺织服装园区	环保转型	建设污水处理设施，实现废水循环利用
湖北	武汉汉阳纺织产业园	创新与研发	推动智能制造，应用大数据和物联网技术
湖南	长沙望城纺织服装产业园	绿色制造	推行低碳生产模式，减少生产过程中的碳排放
四川	成都新都纺织产业园区	技术与装备	引入高效织机和纺纱设备，提高生产效率
辽宁	大连纺织服装产业园区	环保转型	推动绿色染整工艺，减少生产过程中的污染物排放
安徽	合肥肥西纺织服装产业园	创新与研发	建立纺织品检测中心，确保产品质量和安全
上海	上海青浦纺织服装园区	技术与装备	应用智能制造技术，实现生产过程的自动化
天津	天津武清纺织服装产业园	绿色制造	推广绿色环保材料，减少对环境的影响
陕西	西安纺织服装产业园	创新与研发	设立技术创新平台，支持企业研发新材料和新工艺
江西	南昌青山湖纺织服装产业园	环保转型	实施生态纺织项目，推广可再生纤维材料

资料来源：由相关文献和政府报告、文件整理得出。

在技术与装备升级方面，浙江绍兴柯桥纺织产业园区、福建泉州石狮纺织服装产业园区、四川成都新都纺织产业园区、上海青浦纺织服装园区及天津武清纺织服装产业园等，通过引进智能化生产线、高效织机、纺纱设备，以及应用智能制造技术，显著提高了生产效率与产品质量，增加了产品附加值。

在环保转型方面，江苏苏州吴江高新区纺织园区、北京大兴纺织服装园区、辽宁大连纺织服装产业园区、江西南昌青山湖纺织服装产业园等，分别采取了推行清洁生产、建设污水处理设施、推动绿色染整工艺和实施生态纺织项目等措施，减少了污染物排放，实现了废水循环利用，以及推广可再生纤维材料，体现了对环境责任的重视。

在创新与研发方面，广东东莞虎门服装产业园、湖北武汉汉阳纺织产业园、陕西西安纺织服装产业园等，通过设立服装设计研发中心，推动智能制造应用，以及建立技术创新平台，开发新型环保面料，应用大数据和物联网技术，支持新材料和新工艺的研发，促进了产业的创新活力和产品多样性。

在绿色制造方面，山东青岛即墨服装产业园区、湖南长沙望城纺织服装产业园、安徽合肥肥西纺织服装产业园等，推广节能设备和技术，实行低碳生产模式，使用绿色环保材料，有效降低了能耗、碳排放，符合绿色可持续发展趋势。

5.2.1.5 传统制造业的转型升级建议

传统制造业的转型升级可以从四个方面展开，以增强其满足国内需求和参与国际竞争的能力，促进我国制造业迈向全球价值链中高端，为经济高质量发展注入新的动力。

（1）增强传统制造业满足国内需求的能力。当前，京津冀协同发展、长江经济带发展、创新驱动发展、乡村振兴等战略持续深入推进，为传统制造业更好参与国内大循环提供了新的机遇。具体措施包括注重产品设计创新，开发符合国内市场需求的高附加值产品；优化市场营销策略，加强品牌建设，提升产品在国内市场的竞争力。同时，在技术研发和产品开发中，与国家战略需求有机衔接，确保企业发展方向与国家发展目标一致。

（2）坚持核心技术研发与开拓国际新市场并重，培育制造业参与国际合作与竞争的新优势。具体措施包括优化供应链管理，提高生产效率和供应链响应速度，增强市场竞争力；在深耕现有领域的同时，向新材料、新能源和新工艺方向转型，开辟新的增长点；抓住"一带一路"国家基础设施建设和城市化发展的机遇，开拓新的国际市场，提升产品出口的多样性和覆盖面。

（3）推动传统制造业向高端化、智能化、绿色化方向发展。具体措施包括提升产品质量和附加值，参与全球价值链的中高端环节；推进互联网、大数据、人工智能等技术在传统制造业中的应用，实现生产过程的智能化和信息化；加强环保技术的研发和应用，推动清洁生产和绿色制造，实现可持续发展。

（4）提升传统制造业的区域协调发展能力。具体措施包括推动东部地区传统制造业向中西部转移，促进区域协调发展，避免产业集中度过高；加强中西部地区的产业配套设施建设，提升承接能力，确保产业转移的顺利进行；制定区域性政策支持措施，鼓励企业在中西部地区投资设厂，提供税收优惠和资金补贴。

5.2.2 战略性新兴产业

当前，我国正面临着内外部环境的深刻变化，战略性新兴产业的发展成为我国实现经济转型的重要支撑。习近平总书记在党的二十大报告中强调："推动战略性新兴产业融合集群发展，构建新一代信息技术、人工智能、生物技术、新能源、新材料、高端装备、绿色环保等一批新的增长引擎。"战略性新兴产业是指以重大技术突破和重大发展需求为基础，对经济社会全局和长远发展具有重大引领带动作用、成长潜力巨大的产业。为了有效促进战略性新兴产业发展，必须实施创新驱动战略，强化重大前沿科技突破（晏国菀等，2020）。那么，开发区如何壮大战略性新兴产业，加快形成新质生产力，推进开发区提档升级，本节从新能源、新材料、信息技术等七个方面展开，讨论推动开发区产业结构转型升级，助力经济高质量发展的具体路径。

5.2.2.1 新能源产业园区转型升级分析

表5.8概括了中国部分省份新能源产业园区转型升级的实例，展示了新能源产业如何通过科技创新和环保策略实现高质量发展。

表5.8 中国部分省份新能源产业园区的转型升级实例

省份	产业园区	升级手段类别	具体措施
江苏	常州高新区新能源产业园	技术与装备	引进先进的太阳能电池生产设备，提升生产效率和产品质量
广东	深圳光明新区新能源产业园	环保转型	建设绿色建筑标准厂房，实施废水和废气回收利用系统
浙江	宁波杭州湾新区新能源产业园	创新与研发	设立新能源技术研发中心，开发高效能光伏和风能产品
山东	青岛高新区新能源产业园	绿色制造	推广节能减排技术，优化能源利用结构

续表

省份	产业园区	升级手段类别	具体措施
北京	北京大兴国际氢能示范区	技术与装备	引进国际先进的氢能生产和储存技术，提升产业竞争力
湖北	武汉东湖高新区新能源产业园	环保转型	推动新能源项目废弃物资源化利用，减少环境污染
四川	成都双流新能源产业园	创新与研发	建立新能源科技孵化器，支持初创企业技术创新
辽宁	沈阳经济技术开发区新能源园区	技术与装备	应用智能电网技术，提高新能源利用效率
安徽	合肥高新区新能源产业园	绿色制造	采用绿色生产工艺，减少生产过程中的碳排放
湖南	长沙高新区新能源产业园	环保转型	建设废水处理和再利用系统，减少工业废水排放
福建	厦门火炬高新区新能源产业园	创新与研发	设立新能源研究院，推动新能源技术的研发和应用
天津	天津滨海新区新能源产业园	技术与装备	使用先进的风力发电设备，提升发电效率
上海	上海嘉定新能源产业园	环保转型	推行低碳生产模式，减少工业生产中的碳排放
陕西	西安高新区新能源产业园	创新与研发	建设新能源科技创新中心，支持新技术的孵化和应用
江西	南昌高新区新能源产业园	环保转型	推动园区内新能源企业进行绿色生产技术改造

资料来源：由相关文献和政府报告、文件整理得出。

在技术与装备升级方面。江苏常州高新区新能源产业园通过引进先进的太阳能电池生产设备，显著提升了生产效率与产品质量，例如，引入了高效率的钝化发射极和背面接触（PERC）太阳能电池生产线，提高了光电转换效率。天津滨海新区新能源产业园则采用了最新一代风力发电设备，比如，大型海上风电发电机，提高了风能利用效率（李慧鹏等，2024）。

在环保转型方面，广东深圳光明新区新能源产业园在绿色建筑方面树立了标杆，园区内的厂房均按照绿色建筑标准建造，配合高效的废水和废气回收利用系统，有效减少了资源消耗和环境污染。上海嘉定新能源产业园推行低碳生产模式，通过优化能源结构和采用清洁能源，显著减少了工业生产中的碳足迹。

在创新与研发方面，浙江宁波杭州湾新区新能源产业园设立了专门的研发中心，专注于高效能光伏和风能产品的开发，其中包括钙钛矿太阳能电池和智能风机控制系统的研发。

5.2.2.2 新材料产业园区转型升级分析

中国各省份新材料产业园区在转型升级中，不仅注重技术与装备的现代化提升，更在环保转型、创新研发、绿色制造等方面进行了全方位的探索与实践，为推动新材料产业高质量发展奠定了坚实的基础。表5.9展示了中国部分省份新材料产业园区转型升级的实例。

表5.9 中国部分省份新材料产业园区的转型升级实例

省份	产业园区	升级手段类别	具体措施
江苏	南京江宁高新区新材料产业园	技术与装备	引进先进材料生产设备，提高材料生产精度和效率
广东	深圳宝安新材料产业园	环保转型	建设绿色环保生产线，减少生产过程中的废气和废水排放
浙江	杭州钱塘新区新材料产业园	创新与研发	设立新材料研究院，推动新型纳米材料的研发和应用
山东	青岛高新区新材料产业园	绿色制造	推广使用可再生材料，优化生产工艺，减少碳排放
北京	北京顺义新材料产业基地	技术与装备	引进高性能复合材料生产技术，提升产品质量
湖北	武汉东湖新技术开发区新材料产业园	环保转型	实施固废资源化利用项目，减少工业废弃物
四川	成都天府新区新材料产业园	创新与研发	建设新材料孵化中心，支持初创企业技术创新
辽宁	大连金普新区新材料产业园	技术与装备	应用先进的自动化生产线，提高生产效率
安徽	合肥新站高新区新材料产业园	绿色制造	推动绿色制造工艺，降低能耗和污染

续表

省份	产业园区	升级手段类别	具体措施
湖南	长沙高新区新材料产业园	环保转型	建设废水处理系统，实现水资源循环利用
福建	厦门海沧新材料产业园	创新与研发	设立新材料科技创新中心，推动新材料研发和应用
天津	天津滨海新区新材料产业园	技术与装备	使用高端材料生产设备，提升产品附加值
上海	上海浦东新区新材料产业园	环保转型	推广低碳生产模式，减少碳足迹
陕西	西安高新区新材料产业园	创新与研发	建设新材料实验室，支持前沿材料研究
江西	南昌高新区新材料产业园	绿色制造	推动新材料绿色制造技术，提升资源利用效率

资料来源：由相关文献和政府报告、文件整理得出。

在技术与装备升级方面，南京江宁高新区新材料产业园通过引进国际领先的材料生产设备，显著提升了材料的生产精度与效率，例如，园区内某企业成功导入了精密陶瓷材料的全自动生产线，生产误差率降低至0.1%以下，产能提升30%以上。

环保转型方面，深圳宝安新材料产业园走在前列，园区大力推行绿色环保生产线建设，实施了一系列废气与废水净化处理措施，成功减少了有害物质排放达50%，并且部分企业实现了废水零排放，树立了行业环保转型的标杆。

在创新与研发方面，杭州钱塘新区新材料产业园内的新材料研究院，专注于新型纳米材料的研发，如成功研发出具有自主知识产权的高性能纳米复合材料，显著提高了材料的强度和导电性能，为电子、航空航天等领域提供了新材料解决方案。

绿色制造实践上，青岛高新区新材料产业园推广使用可再生材料，并优化生产工艺流程，减少碳排放量。例如，园区某新材料企业通过采用生物基塑料替代传统塑料，每年减少碳排放近万吨，有效践行了绿色发展理念。

技术与装备的革新同样体现在北京顺义新材料产业基地，通过引进高性能复合材料生产技术，园区企业生产的碳纤维复合材料强度较传统材料提高20%，为汽车轻量化、风电叶片等应用领域提供了高性能材料支撑。

环保转型的另一个亮点是武汉东湖新技术开发区新材料产业园，园区实施的固废资源化利用项目，实现了高达70%的工业废弃物回收利用率，不仅减少了废弃物的环境污染，还创造了额外的经济价值。

5.2.2.3 生命生物工程产业园区转型升级分析

表5.10展示了中国生命生物工程产业园区在转型升级过程中的积极作为，通过技术革新、环保改造、创新驱动和绿色生产等多元路径，不仅提升了产业的核心竞争力，也为实现可持续发展目标作出了重要贡献。各园区的具体措施不仅符合国家发展战略，也反映了地方特色和产业优势，为全球生物技术与医药产业的绿色发展提供了有益借鉴。

表5.10 中国部分省份生命生物工程产业园区的转型升级实例

省份	产业园区	升级手段类别	具体措施
江苏	苏州工业园区生物医药产业园	技术与装备	引进高端生物制药设备，提升药品生产精度和效率
广东	深圳南山生命科学产业园	环保转型	建设绿色实验室和生产线，减少实验和生产过程中的污染
浙江	杭州高新区生物医药产业园	创新与研发	设立生物医药研发中心，推动新药研发和基因技术应用
山东	青岛高新区生物工程产业园	绿色制造	推广环保型生物制造工艺，减少生产过程中的废弃物
北京	北京亦庄生物医药产业基地	技术与装备	引进国际先进的生物技术设备，提高研发和生产水平
湖北	武汉光谷生物城	环保转型	实施生物废弃物处理和资源化利用，减少环境污染
四川	成都天府生命科学园	创新与研发	建设生命科学孵化器，支持生物技术初创企业创新
辽宁	沈阳经济技术开发区生物医药园区	技术与装备	应用自动化生物制造技术，提高生产效率
安徽	合肥高新区生物医药产业园	绿色制造	推动生物医药绿色制造工艺，降低生产过程中的能耗和污染
湖南	长沙高新区生物工程产业园	环保转型	建设生物废水处理系统，实现循环利用

续表

省份	产业园区	升级手段类别	具体措施
福建	厦门海沧生物医药产业园	创新与研发	设立生物技术研究院，推动生物工程技术的发展和应用
天津	天津滨海新区生物医药产业园	技术与装备	使用先进的生物制药生产设备，提高产品质量
上海	上海张江高科技园区生命科学产业园	环保转型	推行低碳生物制造模式，减少碳排放
陕西	西安高新区生物工程产业园	创新与研发	建设生物工程实验室，支持前沿生物技术研究
江西	南昌高新区生物医药产业园	绿色制造	推动生物医药绿色生产技术，提升资源利用效率

资料来源：由相关文献和政府报告、文件整理得出。

在技术与装备升级方面，江苏苏州工业园区生物医药产业园通过引进包括单克隆抗体生产平台在内的高端生物制药设备，显著提升了生产精度至微克级别，同时将药品生产周期缩短了约30%，极大提高了效率。

环保转型方面，广东深圳南山生命科学产业园成功建设了绿色实验室和生产线，通过采用无毒或低毒试剂、循环水系统以及高效的废气处理设施，使实验室废物排放减少40%，生产环节的污染排放降低了50%，有效减轻了环境负担。

创新与研发领域，浙江杭州高新区生物医药产业园内设立的生物医药研发中心，已成功推动数个一类新药进入临床试验阶段，特别是在基因编辑技术的应用上取得重大突破，加速了基因治疗药物的研发进程。

绿色制造方面，山东青岛高新区生物工程产业园推广使用环保型生物反应器，相比传统设备能减少约30%的能耗，并通过优化发酵工艺，废弃物产出降低了25%，实现了生产过程的绿色化。

5.2.2.4 信息技术和新一代信息技术产业园区转型升级分析

中国各地的信息技术产业园区在转型升级中，不仅注重硬实力的提升，如采用最前沿的技术与装备，同时积极拥抱绿色、低碳的发展理念，通过环保转型和创新研发，为信息技术产业的可持续发展开辟了新路径。表5.11为中国部分省份信息技术等产业园区的转型升级实例。

表5.11　中国部分省份信息技术等产业园区的转型升级实例

省份	产业园区	升级手段类别	具体措施
北京	中关村软件园	技术与装备	引进先进的云计算和大数据设备，提升数据处理能力
广东	深圳南山科技园	创新与研发	设立人工智能研发中心，推动AI技术的应用
江苏	南京软件谷	环保转型	建设绿色数据中心，采用节能服务器和冷却系统
浙江	杭州未来科技城	创新与研发	设立物联网研发中心，推动IoT技术的开发和应用
上海	上海张江高科技园区信息技术园	技术与装备	引进5G通信设备，推动5G网络的建设和应用
湖北	武汉光谷信息技术产业园	绿色制造	推广绿色制造工艺，减少生产过程中的能耗和污染
四川	成都天府软件园	技术与装备	应用大数据分析平台，提升数据处理和分析能力
辽宁	大连高新技术产业园区	创新与研发	建设信息技术孵化器，支持初创企业技术创新能力
安徽	合肥高新区信息技术产业园	环保转型	推行低碳生产模式，减少碳足迹
湖南	长沙高新区信息技术产业园	技术与装备	使用高性能计算设备，提高计算能力和效率
福建	厦门软件园	创新与研发	设立网络安全研究中心，推动信息安全技术的发展
天津	天津滨海新区信息技术产业园	绿色制造	推动节能减排技术，优化能源利用结构
山东	青岛高新区信息技术产业园	技术与装备	引进先进的人工智能和机器人设备，提高生产效率
陕西	西安高新区信息技术产业园	创新与研发	建设信息技术实验室，支持前沿技术研究
江西	南昌高新区信息技术产业园	环保转型	建设废水处理系统，实现循环利用

资料来源：由相关文献和政府报告、文件整理得出。

在技术与装备升级方面，北京中关村软件园引进了先进的云计算和大数据处理设备，显著提升了园区内企业的数据处理能力，如某云服务商在部署了最新的高性能服务器集群后，数据处理速度提高了50%，能够支持更复杂的业务场景。

创新与研发方面，广东深圳南山科技园内设立的人工智能研发中心，成功孵化了多个AI项目，其中一项基于深度学习的图像识别技术，准确率超过98%，在安防监控和智能制造领域得到广泛应用。

环保转型上，江苏南京软件谷通过建设绿色数据中心，采用液冷服务器和余热回收系统，能源使用效率（PUE）降低至1.3以下，相比传统数据中心节能超过30%，有效减少了碳排放。

在推动绿色制造和节能减排技术方面，湖北武汉光谷信息技术产业园内企业采用先进的节能技术和环保材料，比如，引入LED智能照明系统和太阳能光伏板，实现了能耗下降20%，并成功申请了多项绿色制造相关专利。

上海张江高科技园区信息技术园通过引进5G通信设备，构建了超高速、低延迟的5G网络环境，支持园区内的自动驾驶测试场、远程医疗等应用场景，5G网络覆盖区域内的数据传输速率提升至1Gbps以上。

5.2.2.5 节能环保产业园区转型升级分析

表5.12显示，中国部分省份的节能环保产业园区在转型升级过程中，紧密结合自身特点，通过技术与装备的更新换代、创新研发、环保转型和绿色制造等途径，不仅提升了产业的环境友好性和经济效益，也为实现国家的绿色发展目标作出了积极贡献。这些举措不仅提升了产业园区的核心竞争力，也为中国乃至全球的可持续发展提供了宝贵经验和示范。

表5.12 中国部分省份节能环保产业园区的转型升级实例

省份	产业园区	升级手段类别	具体措施
北京	北京经济技术开发区节能环保产业园	技术与装备	引进先进的节能设备和环保技术，提高生产效率和环保标准
广东	深圳高新区节能环保产业园	创新与研发	设立环保技术研发中心，开发新型环保材料和技术
江苏	苏州工业园区节能环保产业园	环保转型	推行清洁生产工艺，减少废气和废水排放

续表

省份	产业园区	升级手段类别	具体措施
浙江	杭州余杭节能环保产业园	绿色制造	推广节能减排技术，优化能源利用结构
山东	青岛高新区节能环保产业园	技术与装备	使用高效节能设备，提升能源利用效率
湖北	武汉东湖高新区节能环保产业园	环保转型	实施固废资源化利用项目，减少工业废弃物
四川	成都高新区节能环保产业园	创新与研发	建设节能环保孵化中心，支持初创企业技术创新
辽宁	沈阳经济技术开发区节能环保园区	技术与装备	应用智能化环保设备，提高污染处理效率
安徽	合肥高新区节能环保产业园	绿色制造	推动绿色制造工艺，降低能耗和污染
湖南	长沙高新区节能环保产业园	环保转型	建设废水处理系统，实现水资源循环利用
福建	厦门火炬高新区节能环保产业园	创新与研发	设立节能环保研究院，推动新技术的研发和应用
天津	天津滨海新区节能环保产业园	技术与装备	使用先进的污染处理设备，提升环保标准
上海	上海嘉定节能环保产业园	环保转型	推行低碳生产模式，减少工业生产中的碳排放
陕西	西安高新区节能环保产业园	创新与研发	建设环保技术实验室，支持前沿技术研究
江西	南昌高新区节能环保产业园	绿色制造	推动环保绿色制造技术，提升资源利用效率

资料来源：由相关文献和政府报告、文件整理得出。

在技术与装备升级方面，北京经济技术开发区节能环保产业园，引进了包括高效节能电机、LED节能照明系统在内的先进节能设备，以及先进的空气净化和水处理技术，显著提高了园区内企业的生产效率，同时达到更高的环保标准。例如，某入园企业通过更换高效节能设备，能源成本节省了约20%。

创新与研发方面，深圳高新区节能环保产业园设立的环保技术研发中心，成功开发了可降解塑料材料和新型水处理系统，其中一款新型水处理膜技术，过滤效率比传统技术提高了30%，有效助力了水资源的循环利用。

环保转型方面，江苏苏州工业园区节能环保产业园通过推广清洁生产，实施了多项改进措施，如采用无害化原料替代有毒原料，以及优化生产流程减少废弃物产生，使得园区整体废气排放量减少了25%，废水排放达标率达到了100%。

绿色制造实践上，杭州余杭节能环保产业园推动了太阳能光伏板在园区屋顶的大规模安装，结合智能微电网系统，实现了园区部分能源自给自足，能耗相比传统模式降低了近1/3，显著优化了能源利用结构。

5.2.2.6 新能源汽车产业园区转型升级分析

表5.13显示了中国各地新能源汽车产业园区在转型升级中采取的多样化策略，不仅提升了产业的技术水平和竞争力，而且促进了生态环境保护，为全球新能源汽车产业的绿色可持续发展提供了宝贵经验。

表5.13 中国部分省份新能源汽车产业园区的转型升级实例

省份	产业园区	升级手段类别	具体措施
北京	北京经济技术开发区新能源汽车产业园	技术与装备	引进先进的电动汽车生产线，提高生产效率和产品质量
广东	深圳坪山新能源汽车产业园	环保转型	推行绿色生产工艺，减少制造过程中的废气和废水排放
江苏	南京江宁新能源汽车产业园	创新与研发	设立新能源汽车研发中心，开发新型电池和驱动系统
浙江	杭州临安新能源汽车产业园	绿色制造	推广节能减排技术，优化生产工艺，减少碳排放
山东	青岛高新区新能源汽车产业园	技术与装备	使用高效能电动汽车装配设备，提升生产效率
湖北	武汉东湖高新区新能源汽车产业园	环保转型	实施固废资源化利用项目，减少工业废弃物
四川	成都天府新区新能源汽车产业园	创新与研发	建设新能源汽车孵化中心，支持初创企业技术创新
辽宁	沈阳经济技术开发区新能源汽车园区	技术与装备	应用自动化生产线，提高生产效率和产品质量

续表

省份	产业园区	升级手段类别	具体措施
安徽	合肥高新区新能源汽车产业园	绿色制造	推动绿色制造工艺，降低能耗和污染
湖南	长沙高新区新能源汽车产业园	环保转型	建设废水处理系统，实现水资源循环利用
福建	厦门海沧新能源汽车产业园	创新与研发	设立新能源车辆研究院，推动新技术的研发和应用
天津	天津滨海新区新能源汽车产业园	技术与装备	使用先进的新能源汽车生产设备，提升产品质量
上海	上海嘉定新能源汽车产业园	环保转型	推行低碳生产模式，减少工业生产中的碳排放
陕西	西安高新区新能源汽车产业园	创新与研发	建设新能源汽车技术实验室，支持前沿技术研究
江西	南昌高新区新能源汽车产业园	绿色制造	推动新能源汽车绿色制造技术，提升资源利用效率

资料来源：由相关文献和政府报告、文件整理得出。

在技术与装备升级方面，北京经济技术开发区新能源汽车产业园引进了国际先进的电动汽车生产线，包括高度自动化的车身焊接线和精密的电池组组装系统。这些设备的引入使得生产效率提升了40%，同时确保了电动汽车关键部件的高质量标准，如某款电动车型的续航里程因此提高了15%。

环保转型方面，深圳坪山新能源汽车产业园通过推行绿色生产工艺，比如，采用水性涂料替代溶剂型涂料，以及实施废气循环利用系统，成功减少了制造过程中废气排放量约30%，废水排放量降低了25%，为实现碳中和目标迈出了坚实的一步。

创新与研发方面，南京江宁新能源汽车产业园内的研发中心，成功研发出高能量密度的固态电池原型，能量密度较现有锂离子电池提高了50%，并且提升了电池的安全性能。这一成果标志着园区在新能源汽车核心部件研发上的重大突破。

绿色制造实践上，杭州临安新能源汽车产业园通过推广节能电机和优化能源管理系统，减少了生产过程中的能耗，实现单位产品能耗下降20%，并通过优化供应链管理，减少了物流运输中的碳排放，展示了绿色制造的综合效益。

5.2.2.7 高端装备制造产业园区转型升级分析

表5.14显示，中国各地高端装备制造产业园区在转型升级中，不仅重视硬件设施的现代化，更着眼于绿色、智能、创新的长远发展策略，通过技术与装备的革新、环保转型的深入、创新研发的强化，以及绿色制造的推广，共同推动我国高端装备制造业向更高质量和可持续的目标迈进。

表5.14 中国部分省份高端装备制造产业园区的转型升级实例

省份	产业园区	升级手段类别	具体措施
北京	北京经济技术开发区高端装备制造产业园	技术与装备	引进高精度数控机床和智能化生产线，提升生产精度和效率
广东	广州南沙高端装备制造产业园	环保转型	建设绿色制造工厂，减少生产过程中的废气和废水排放
江苏	苏州高新区高端装备制造产业园	创新与研发	设立高端装备研发中心，开发新型智能制造技术
浙江	杭州余杭高端装备制造产业园	绿色制造	推广节能设备和技术，优化生产工艺，降低能耗和碳排放
山东	青岛高新区高端装备制造产业园	技术与装备	使用先进的机器人装配设备，提高生产效率和精度
湖北	武汉东湖高新区高端装备制造产业园	环保转型	实施固废资源化利用项目，减少工业废弃物
四川	成都天府新区高端装备制造产业园	创新与研发	建设高端装备制造孵化中心，支持初创企业技术创新
辽宁	沈阳经济技术开发区高端装备制造园区	技术与装备	应用自动化生产线，提高生产效率和产品质量
安徽	合肥高新区高端装备制造产业园	绿色制造	推动绿色制造工艺，降低能耗和污染
湖南	长沙高新区高端装备制造产业园	环保转型	建设废水处理系统，实现水资源循环利用
福建	厦门海沧高端装备制造产业园	创新与研发	设立高端装备研究院，推动新技术的研发和应用
天津	天津滨海新区高端装备制造产业园	技术与装备	使用先进的高端装备生产设备，提升产品质量
上海	上海嘉定高端装备制造产业园	环保转型	推行低碳生产模式，减少工业生产中的碳排放

续表

省份	产业园区	升级手段类别	具体措施
陕西	西安高新区高端装备制造产业园	创新与研发	建设高端装备技术实验室，支持前沿技术研究
江西	南昌高新区高端装备制造产业园	绿色制造	推动高端装备绿色制造技术，提升资源利用效率

资料来源：由相关文献和政府报告文件整理得出。

在技术与装备升级方面，北京经济技术开发区高端装备制造产业园引进了德国原装进口的五轴联动高精度数控机床，及集成人工智能算法的智能化生产线，使得零部件加工精度提升至微米级，生产效率相比传统设备提高了30%。

环保转型方面，广州南沙高端装备制造产业园通过建立绿色供应链管理体系，引入太阳能光伏板为辅助能源供应，以及实施零排放的涂装工艺，使得园区整体碳排放量减少了20%，并成功回收利用约70%的工业废水。

创新与研发方面，苏州高新区高端装备制造产业园内的研发中心专注于工业机器人和精密仪器的研发，近期成功开发出一款拥有自主知识产权的六轴协作机器人，其精确度和灵活性处于国际领先水平，为智能制造提供了强有力的支撑。

绿色制造实践上，杭州余杭高端装备制造产业园通过全面推广LED节能照明系统和高效节能电机，结合智能能源管理系统，使得单位产值能耗降低了25%，展现了绿色制造的高效与环保双重效益。

5.2.2.8 壮大战略性新兴产业的建议

壮大开发区的战略性新兴产业需要综合运用政策支持、技术创新、基础设施建设、人才引进、金融支持、市场拓展和环境优化等措施。首先，政府应出台专项扶持政策，对战略性新兴产业的企业提供税收减免、财政补贴和贷款优惠等支持，减轻企业负担，增强企业发展信心。同时，设立专项创新基金，支持企业进行技术研发和创新，尤其是对具有自主知识产权和高科技含量的项目进行重点资助（任继球等，2024）。

在技术创新方面，政府可提供场地、资金和技术支持，鼓励和支持企业在开发区内建立研发中心和实验室，促进新技术的研发和应用。同时，加强企业与高校、科研院所的合作，建立产学研联合体，促进科技成果转化。

基础设施建设是产业发展的基础。加大开发区基础设施建设投入，完善道路、供电、供水、通信等配套设施，为企业提供良好的生产经营环境。

人才是推动新兴产业发展的关键。制订人才引进计划，通过提供优厚的待遇和良好的工作环境，吸引高端技术人才和管理人才到开发区工作，满足新兴产业对人才的需求。

金融支持也是不可或缺的部分。通过政策引导和市场化运作，吸引社会资本、风险投资和私募股权基金等金融资源进入新兴产业，解决企业融资难题。支持新兴产业企业在多层次资本市场上市融资，通过股权融资、债券融资等方式获取发展资金。

市场拓展与国际合作可以为新兴产业提供广阔的发展空间。政府可以通过采购、补贴等方式，支持新兴产业产品的市场化应用，扩大市场需求。鼓励企业参与国际交流与合作，积极引进国外先进技术和管理经验，提升自身竞争力。

环境优化是实现可持续发展的重要保障。支持企业建立绿色生产标准，采用绿色生产工艺和技术，推动企业向绿色制造转型。简化行政审批流程，提供高效便捷的政府服务，营造公平透明的市场环境，增强企业发展的信心和动力。

5.2.3　未来产业

2024年1月29日，工业和信息化部、教育部、科技部、交通运输部、文化和旅游部、国务院国资委、中国科学院七部门，联合印发《关于推动未来产业创新发展的实施意见》（以下简称《实施意见》）。其中，列出了重点前瞻部署的未来制造、未来信息、未来材料、未来能源、未来空间和未来健康六大产业方向，并强调要打造人形机器人等十大创新标志性产品（王宇，2024）。

5.2.3.1　培育未来产业的实施策略

我国在培育未来产业方面采取了多种措施，各地通过具体的产业园区和公司，推动技术创新、提高生产效率和实现可持续发展。表5.15展示了我国在培育未来产业领域的一些具体领域，承担的产业园区或公司，采取的措施以及具体的实施策略。

表5.15 培育未来产业转型升级实例

领域	产业园区/公司	措施	具体实施策略
人工智能	北京中关村人工智能创新园	技术与装备	引进先进AI计算平台，设立研发中心，开发新型AI算法和应用
量子信息	上海张江高科技园区量子信息中心	创新与研发	建设量子计算实验室，研发量子通信和量子计算技术
生物技术	武汉光谷生物城	技术与装备	引进高端生物制药设备，建设生物技术研发中心
新材料	苏州工业园区新材料产业园	环保转型	采用绿色制造工艺，设立新材料研究院，开发环保型新材料
新能源	常州高新区新能源产业园	绿色制造	推广可再生能源技术，设立新能源技术研发中心
5G通信	深圳南山科技园	技术与装备	建设5G通信网络，开发5G应用和服务
先进制造	天津滨海新区高端装备制造产业园	创新与研发	引进高端制造设备，建设智能制造示范工厂
机器人技术	哈尔滨高新区机器人产业园	技术与装备	应用先进机器人生产线，设立机器人研发中心
大数据	贵阳大数据产业园	创新与研发	建设大数据处理中心，开发大数据分析技术和应用
半导体	无锡国家传感网创新示范区	技术与装备	引进先进半导体生产设备，设立半导体研发中心
区块链	杭州未来科技城区块链创新中心	创新与研发	设立区块链技术实验室，开发区块链应用和服务
空天技术	西安高新区空天技术产业园	技术与装备	建设卫星制造和测试中心，开发空天技术应用
生物医药	长春高新区生物医药产业园	环保转型	采用绿色制药工艺，建设生物医药研发中心
融合科技	青岛高新区融合科技产业园	创新与研发	推动跨学科技术融合，设立技术创新孵化中心

资料来源：由相关文献和政府报告、文件整理得出。

北京中关村人工智能创新园引进先进的AI计算平台，设立研发中心，开发新型AI算法和应用，显著提升了人工智能技术的研发和应用能力，推动AI

技术在各行业的广泛应用。上海张江高科技园区量子信息中心建设量子计算实验室，研发量子通信和量子计算技术，通过量子技术的突破，占据了全球量子信息领域的领先地位，推动量子计算和通信技术的产业化。

武汉光谷生物城引进高端生物制药设备，建设生物技术研发中心，提高了生物技术的研发和生产能力，推动生物医药产业的发展。苏州工业园区新材料产业园采用绿色制造工艺，设立新材料研究院，开发环保型新材料，通过绿色制造工艺的应用，提升了新材料的环保性能，推动了可持续发展。常州高新区新能源产业园推广可再生能源技术，设立新能源技术研发中心，促进了可再生能源技术的发展，提高了能源利用效率。

深圳南山科技园建设5G通信网络，开发5G应用和服务，成为5G通信技术的先锋城市，推动各行业的数字化转型。天津滨海新区高端装备制造产业园引进高端制造设备，建设智能制造示范工厂，提高了高端装备制造领域的技术水平。哈尔滨高新区机器人产业园应用先进机器人生产线，设立机器人研发中心，通过机器人技术的研发和应用，提升了机器人制造领域的竞争力。

贵阳大数据产业园建设大数据处理中心，开发大数据分析技术和应用，成为大数据技术的中心，推动大数据在各行业的应用。无锡国家传感网创新示范区引进先进半导体生产设备，设立半导体研发中心，通过半导体技术的提升，增强了在全球半导体产业中的地位。杭州未来科技城区块链创新中心设立区块链技术实验室，开发区块链应用和服务，推动区块链技术的发展和应用，提升了在区块链领域的影响力。

西安高新区空天技术产业园建设卫星制造和测试中心，开发空天技术应用，成为空天技术的研发和应用中心。长春高新区生物医药产业园采用绿色制药工艺，建设生物医药研发中心，提升生物医药的环保水平。青岛高新区融合科技产业园推动跨学科技术融合，设立技术创新孵化中心，通过技术融合与孵化，推动新技术的快速发展和应用。

这些具体措施和实施策略展示了中国在未来产业培育方面的全面布局和实际成效，推动了各领域的技术创新和发展，提升了中国在全球未来产业中的竞争力（王小林和谢妮芸，2023）。

5.2.3.2 培育未来产业的发展建议

为实现开发区产业的高质量发展，需要对未来产业进行系统性的培育（陈凯华等，2023）。针对如何培育开发区未来产业发展，本节从动态优化时序布局、优化空间布局、创新支持政策三个层面提出建议。

（1）动态优化时序布局。

近期布局：打造未来产业发展标杆。开发区应在通用AI、高速全光通信、算力网络、合成生物、生物育种、氢能等重点赛道上率先突破。政府应通过采购、财政补贴等方式，支持这些领域核心技术的市场化应用，推动创新产品从实验室、中试平台快速走向大规模市场化、商品化。这样不仅可以树立标杆，吸引更多相关企业入驻开发区，还能形成示范效应，带动整个区域的产业发展。

中期布局：培育未来产业发展集群。在第六代移动通信系统、细胞工程、新型储能、高性能复合材料、纳米制造等先导领域全面推进，通过突破关键核心技术、前沿引领技术和颠覆性技术，推动技术创新矩阵转化为未来产业集群。开发区应加强技术迭代熟化与应用场景建设，通过产业集群效应，增强区域整体竞争力，提升开发区在全国乃至全球的产业地位。

远期布局：抢占未来产业竞争战略制高点。围绕类脑智能、光子和量子信息、核聚变、前沿新材料、深地深海等重点赛道，开发区应坚持战略定力，加强基础研究和应用基础研究，支持具有颠覆性影响的非共识创新，逐步形成未来产业的技术策源地。长期稳定的基础研究投入将为开发区积累深厚的技术储备，确保其在未来竞争中的领先地位。

（2）优化空间布局。聚焦科教资源优势突出的区域。在北京、上海、武汉、西安等科教资源丰富的地区，开发区应超前部署颠覆性技术方向，整合基础研究、应用研究到技术产业化的全流程要素资源，构建全链条孵化体系。通过"无中生有"孵化一批原始创新型未来产业，抢占未来产业发展的制高点，使开发区成为国家乃至国际的创新高地。

聚焦产业基础优势突出的区域。在京津冀、长三角、粤港澳大湾区等区域，开发区应依托产业链布局创新链，探索产学研协同攻关，加快形成"科学家+企业家"的未来产业成长模式。通过龙头企业布局未来产业前沿领域，培育一批"链主"企业，带动中小企业成长为"小巨人"企业，全面打造迭代创新型未来产业集群，提升开发区的产业层次和附加值。

支持中西部地区。中西部地区应立足传统优势产业与特色应用场景，推动未来技术与传统制造、特色农业的融合创新。开发区应集中发力未来城市、未来医疗、未来交通、未来社区等重点应用场景，孵化培育特色鲜明的创新型未来产业，以促进中西部地区经济的发展，进而实现区域经济的协调发展。

（3）创新支持政策。在技术策源上，开发区应探索"国家出题+专家答题+市场阅卷"的模式，发布前沿技术攻关目录，建立未来技术动态清单，前瞻部署战略性、储备性技术研发项目。同时，探索"企业出题+专家答题+市场阅卷"的模式，围绕现实问题，引导行业骨干企业牵头，搭建创新联合体，集中攻关共性关键核心技术。通过多样化的技术策源模式，增强开发区的创新能力。

在转化孵化中，开发区应建设全链条的转化孵化服务，鼓励头部企业布局未来产业前沿领域，推动高成长性创新型企业发展。通过构建"早期验证—融合试验—综合推广"场景应用创新体系，开放城市公共应用场景，推动前沿技术与各领域的深度融合，提高开发区的产业转化效率。

在投资支撑上，推动政府资金"耐心投"，引导各类政府产业投资基金支持未来产业，发挥财政资金的杠杆效应和导向作用。同时，鼓励社会资本"放心投"，引导金融机构创新金融产品与服务，支持科技企业孵化器设立天使投资基金与创业种子基金，扶持初创企业。通过多渠道的资金支持，确保开发区企业的资金链稳定。

5.3 开发区产业转型升级的成功实践经验

面对全球产业变革与国内经济结构调整的双重挑战，开发区作为创新资源汇集与产业升级的前沿阵地，在区域协同发展中的战略地位愈发凸显。本节首先通过分析北京产业疏解与转移政策的深层逻辑与实践成果，揭示区域产业调整优化的紧迫性与可行性（王吉力和杨明，2020）。进而，借助京津冀一体化与粤港澳大湾区的区域发展战略，探讨开发区如何在更大的地域框架下，通过资源整合与功能互补，促进产业布局的科学优化与经济活动的高效协同（陈运森等，2023）。

5.3.1 北京开发区

北京开发区的转型升级是中国经济改革与发展的一个典型案例，展现了在全球竞争加剧和国内产业结构调整的背景下，如何通过政策引导、资源配置优化以及科技创新推动区域产业的高质量发展。在推动开发区产业转型升级的同时，北京市还面临着更广泛的城市功能调整任务，尤其是非首都功能的疏解。通过产业结构的优化和升级，北京开发区在推动高新技术产业发展的过程中，不仅为区域经济注入了新的活力，也为疏解非首都功能腾出更多的空间。非首都功能疏解不仅是开发区产业转型的助推器，更是北京市整体经济布局调整的重要组成部分。在高质量发展的新阶段，北京坚持内向调整，不断优化核心功能，既要减量发展，还要保持城市可持续发展动力。表5.16统计了1990—2022年北京开发区名录表，涵盖了经济开发区、创新示范区、自由贸易区等数据。开发区需要按照京津冀协同发展和北京市的发展目标，加快转型升级，逐步退出传统行业，推动高精尖产业的发展。因此，进行企业疏解已成为刻不容缓的任务。

哪些企业应当在开发区进行疏解？本节以北京经济技术开发区的企业为研究对象，构建了开发区产业疏解预警综合评价机制，对开发区内各企业的发展现状进行了详细划分，识别出哪些企业亟须疏解退出，哪些企业有待转型升级，哪些企业发展势头强劲。

表5.16 1990—2022年北京开发区统计表

（经济开发区、创新示范区、自由贸易区数据）

单位名称	所属级别	开发区类型	关注热度	成立时间	主导产业
北京亦庄经济技术开发区	国家级	国家级经济技术开发区	105 952	1994-08-01	医药制造业、专用设备制造业、汽车制造业、软件和信息技术服务业
中关村科技园区	国家级	国家级高新技术产业开发区	1 668	1988-04-01	计算机、通信和其他电子设备制造业、其他制造业、生态保护和环境治理业
北京天竺综合保税区	国家级	海关特殊监管区域	1 092	2008-07-01	医药制造业、航空运输业、文化艺术业
中关村国家自主创新示范区	国家级	国家级自主创新示范区	823	2009-03-01	—
北京大兴国际机场综合保税区	国家级	海关特殊监管区域	768	2021-11-01	

续表

单位名称	所属级别	开发区类型	关注热度	成立时间	主导产业
中国（北京）自由贸易试验区	国家级	国家级自由贸易试验区	714	2020-09-01	新材料化工、新材料锂电池、生物及生物医药、新一代信息技术及战略性新兴产业
北京大兴国际机场综合保税区	国家级	海关特殊监管区域	193	2020-11-01	商贸电商、物流电子商务、电子信息
北京良乡经济开发区	市级	市级开发区	7 490	2000-12-01	医药制造业、电气机械和器材制造业
北京八达岭经济开发区	市级	市级开发区	1 785	2000-12-01	—
北京采育经济开发区	市级	市级开发区	1 178	2006-03-01	汽车制造业
北京大兴经济开发区	市级	市级开发区	1 121	2000-12-01	文化艺术业
北京顺义科技创新产业功能区	市级	市级开发区	1 067	2000-12-01	汽车制造业、计算机、通信和其他电子设备制造业
北京密云经济开发区	市级	市级开发区	977	2000-12-01	医药制造业
北京永乐经济开发区	市级	市级开发区	977	1992-09-01	食品制造业、仪器仪表制造业、金属制品、机械和设备修理业
北京通州经济开发区	市级	市级开发区	722	2006-06-01	商务服务业
北京马坊工业园区	市级	市级开发区	647	2006-08-01	汽车制造业
北京雁栖经济开发区	市级	市级开发区	645	2006-06-01	铁路、船舶、航空航天和其他运输设备制造业
北京房山工业园区	市级	市级开发区	618	2006-03-01	—
北京兴谷经济开发区	市级	市级开发区	600	2006-06-01	食品制造业、汽车制造业

续表

单位名称	所属级别	开发区类型	关注热度	成立时间	主导产业
北京昌平小汤山工业园区	市级	市级开发区	600	2006-03-01	—
北京延庆经济开发区	市级	市级开发区	588	1992-08-01	医药制造业
北京石龙经济开发区	市级	市级开发区	581	1992-01-01	医药制造业、其他制造业
北京临空经济核心区	市级	市级开发区	553	2006-06-01	航空运输业、商务服务业

资料来源：《中国开发区审核公告目录》（2018年版）。

5.3.1.1 开发区企业疏解预警综合评价体系

开发区企业疏解预警从开发区的实际出发，遵循可行性、系统性、科学性以及客观性等原则，科学合理地对其所处的阶段与环境进行评价。运用科学方法合理地评价和分析企业疏解的可行性，选择产业疏解的核心与关键环节，涉及产业转移、转型升级等内容，对产业聚集及产业布局产生直接影响。开发区企业的数据难得，开发区产业疏解预警综合评价体系中二级指标分为行业绩效、增长潜力和可持续发展（见表5.17）。

表5.17 企业疏解预警指标体系

一级指标	二级指标	三级指标	指标方向	权重
企业疏解预警指数	行业绩效(0.3)	资产负债率	负向	0.07
		成本费用利用率	正向	0.09
		流动资产周转率	正向	0.14
	增长潜力(0.3)	营业收入增长率	正向	0.16
		净利润增长率	正向	0.08
		固定资产利用率	正向	0.06
	可持续发展(0.4)	万元地区生产总值能耗	负向	0.29
		产业能源消费占比	负向	0.11

资料来源：《北京经济技术开发区统计年鉴》。

5.3.1.2 测算结果分析

自适应组织映射（Self-Organizing Maps，SOM）的K-means聚类算法属于两阶段计算方法：在第一阶段的初聚类中，自适应组织映射对数据样本进行初聚类，将具有相似的特征向量视为同一类，从而形成不同的类别，并确定类别数量和各类的中心点；在第二阶段，K-means利用第一阶段结果作为初始值进一步聚类，形成最终的聚类结果。针对开发区制造业中的17个中类行业，通过功效系数法得到行业的综合得分，通过对综合得分和分项得分进行SOM+K-means聚类，得到聚类结果。

表5.18显示了聚类类别的具体得分特征。第一类在行业绩效、增长潜力和可持续发展方面表现均衡，是表现较为优异的行业。第二类的显著特征是固定资产利用率和产业能源消耗占比均值较高，但营业收入增长率均值较低。表明此类行业在增长潜力和可持续发展方面有优势，但行业绩效表现较差。第三类行业在净利润增长率和流动资产周转次数方面表现不佳，但在成本费用利用率和固定资产利用率方面较为优异。这说明第三类行业在部分指标上存在明显短板，需要在特定方面进行改进和优化。

表5.18 分项指标得分聚类中心结果

类别	1	2	3
资产负债率	4.02	5.06	5.07
成本费用利用率	5.79	6.49	6.57
流动资产周转次数	8.84	10.22	9.63
净利润增长率	16.43	10.28	10.50
固定资产利用率	5.29	5.40	6.25
营业收入增长率	3.54	4.35	4.25
万元地区生产总值能耗	28.76	27.14	18.72
产业能源消费占比	11.13	10.44	10.80
类别平均综合得分	83.80	79.38	71.79

从表5.19中可以看出，第一类行业发展势头强劲，具有较高的增长潜力且能源消耗较低。中医药制造业和汽车制造业作为开发区的主导产业，不仅是高精尖产业的代表，还需要继续获得支持以促进其创新和研发。通过增加

科研投入，可以推动这些产业实现产业集群化发展，从而进一步提升其竞争力和可持续发展能力。

表5.19 行业聚类结果一览表

类别	行业
第一类	农副食品加工业、医药制造业、非金属矿物制品业、汽车制造业
第二类	食品制造业，酒、饮料和精制茶制造业，纺织服装、服饰业，计算机、通信和其他电子设备制造业，电气机械和器材制造业，铁路、船舶、航空航天和其他运输设备制造业，橡胶和塑料制品、金属制品业，通用设备制造业，专用设备制造业，仪器仪表制造业
第三类	印刷和记录媒介复制业、化学原料和化学制品制造业

第二类中的前三个行业虽然是传统产业，能源消耗较少，但增长潜力有限，因此需要进行转型升级。这类产业应与高技术产业深度融合，通过技术创新，将技术转化为生产力，提高产品和服务的质量，从而提升产业结构的优化和升级能力。

第二类的中间三个行业是开发区四大主导产业和产业集群的重要组成部分，不宜轻易淘汰，而应进行产业转型升级。尤其是电子信息产业，尽管其为高能耗产业，但需通过改善能源结构，转变为以低能耗、低污染、低排放为基础的经济模式。其他两个行业由于其增加值贡献度和产业专业化较高，需要调整产业结构，增强科技创新能力，以提高整体竞争力。

第二类的后五类行业则适合进行区域转移。这些行业既不是园区的优势产业，也不是高新技术产业，在京津冀一体化的背景下，可以考虑将天津或河北作为承接地。然而，在转移过程中必须淘汰落后产业，确保转移是一个双方共赢的过程，避免一方被动接受，保护天津和河北的生态环境。

第三类产业对环境的破坏严重，经济效益提升空间有限，不符合经济发展方式转变的要求。因此，这类产业外迁的动力不足，应当就地关停。虽然会牺牲短期利益，但从长远看，有助于为未来的发展扫清障碍。

在一般制造业疏解方面，应优先处理科技含量低、规模效应差、高耗能高污染的中低端制造业，包括印刷和记录媒介复制业以及化学原料和化学制品制造业，采取就地淘汰的措施。同时，对开发区内非比较优势产业，采用引导和推动迁出的方式，通过企业厂址迁出转移，在天津、河北建立分厂等手段，逐步压缩开发区的工厂产能，移出制造业生产制造职能，并对主动搬迁的企业给予一定奖励。

对于高能耗的优势行业，需要进行产业转型升级。开发区的发展基础在于企业的技术创新，经济增长依赖于新产品新技术的应用。鼓励企业加大研发投入，推进技术创新中心的建设，实现产业结构的优化和整体竞争力的提升，从而实现开发区的可持续发展。

5.3.2 城市群协作

区域协同发展是国家层面提出的一项重大战略，旨在通过打破行政区域之间的壁垒，促进资源共享、产业互补和要素自由流动，推动区域经济的协调发展和整体提升。近年来，国家相继出台了一系列政策和规划，支持区域协同发展。包括国家发展改革委发布的《京津冀协同发展规划纲要》、国务院发布的《粤港澳大湾区发展规划纲要》等，这些政策和规划为区域协同发展提供了明确的指导和强有力的支持。开发区作为区域经济的重要组成部分，在这个过程中扮演着关键角色，其协同发展对于区域整体经济的发展具有重要意义。在政策的引导下，开发区通过产业转移和技术扩散，实现了快速发展和升级（梁邦兴等，2022），起到了重要的桥梁和纽带作用。

5.3.2.1 京津冀内开发区协同发展政策

总体看，京津冀各园区通过在基础设施、产业布局、技术创新、生态环境保护和公共服务共享等方面的具体实践，形成了优势互补、资源共享、协调发展的区域经济格局。这些具体措施（见表5.20）不仅推动了各自园区的产业升级，也为京津冀区域协同发展提供了有力支撑，展现了区域经济一体化的广阔前景。

表5.20　京津冀园区协同发展的案例总结（部分）

园区名称	产业升级作用	具体措施	关键词
天津滨海新区	基础设施互联互通	通过与北京、河北的铁路和公路网络连接，形成交通枢纽	交通枢纽，物流
北京经济技术开发区	产业协同布局	重点发展高科技和服务业，与天津和河北形成产业互补	高科技，服务业

续表

园区名称	产业升级作用	具体措施	关键词
中关村科技园区	技术创新与合作	与天津滨海新区合作，设立联合研发中心，推动AI、大数据等	AI，大数据
河北廊坊经济开发区	生态环境共治共享	与北京、天津合作，共同开展大气污染防治项目，实施联防联控	大气污染防治
北京经济技术开发区	公共服务一体化	共享教育资源和医疗设施，向天津、河北开放高等教育资源	教育共享，医疗
河北雄安新区	产业协同布局	聚焦高端制造业和绿色产业，接受北京的高端产业转移	高端制造，绿色
天津滨海新区	技术创新与合作	引进先进制造业项目，与中关村科技园区共建创新平台	先进制造，创新
北京大兴生物医药基地	产业协同布局	发展生物医药产业，与天津、河北的相关企业形成协同	生物医药，协同
石家庄高新区	公共服务一体化	提升区域医疗服务水平，与北京的医疗机构建立合作关系	医疗合作，服务

资料来源：对北京、天津、河北相关开发区政策文件整理得出。

天津滨海新区在基础设施互联互通方面，通过与北京、河北的铁路和公路网络连接，成功形成了一个交通枢纽。这一举措不仅提升了物流效率，促进了区域内物资流通的便捷性，还增强了新区的经济吸引力，成为区域经济一体化发展的重要引擎。

北京经济技术开发区则在产业协同布局上取得显著成效。该园区重点发展高科技和服务业，与天津、河北形成了产业互补关系。通过协同布局，北京不仅巩固了高科技和服务业中心的地位，还有效带动了周边地区的产业升级和经济发展。

中关村科技园区在技术创新与合作方面，通过与天津滨海新区合作，设立联合研发中心，重点推动AI、大数据等领域的发展。这种跨区域的技术合作模式，不仅促进了技术创新，还为双方园区的企业提供了更多的合作和发展机会，增强了区域科技竞争力。

河北廊坊经济开发区在生态环境共治共享方面，与北京和天津合作，开展大气污染防治项目，实施联防联控。这个举措体现了区域协同在环境保护方面的潜力，通过资源和技术的共享，有效改善了区域生态环境，提升了居民生活质量。

河北雄安新区聚焦于高端制造业和绿色产业，接受北京的高端产业转移。这种产业协同布局，不仅有助于雄安新区的快速发展，也减轻了北京的产业压力，实现了双赢的局面。

北京经济技术开发区在公共服务一体化方面，通过共享教育资源和医疗设施，向天津、河北开放高等教育资源。这个举措提升了区域内的公共服务水平，促进了人口的合理流动和资源的高效配置。

5.3.2.2 粤港澳大湾区园区协同发展政策

粤港澳大湾区园区协同发展措施如表5.21所示。

表5.21 粤港澳大湾区园区协同发展的案例总结（部分）

园区名称	产业升级作用	具体措施	关键词	来源
深圳前海深港现代服务业合作区	产业协同布局	推动现代服务业发展，吸引香港高端服务企业入驻	现代服务业，港企	《粤港澳大湾区发展规划纲要》
广州南沙新区	基础设施互联互通	建设南沙港区四期，发展港口物流，形成国际航运枢纽	港口物流，航运	《广州市南沙新区发展报告》
珠海横琴新区	技术创新与合作	设立创新中心，吸引澳门科技企业入驻，推动科技合作	创新中心，科技合作	《横琴新区发展规划》
佛山高新区	产业协同布局	发展高端制造业，推动与广州、深圳的产业协同	高端制造，产业协同	《佛山高新区发展报告》
深圳南山区	技术创新与合作	建设人工智能和大数据研发中心，吸引国际人才	人工智能，大数据	《深圳市南山区年度报告》
广州黄埔区	生态环境共治共享	推动绿色发展，建设环保产业园区，实施污染防治项目	绿色发展，环保	《广州黄埔区环保报告》
珠海香洲区	公共服务一体化	推进教育和医疗资源共享，建设跨境公共服务平台	教育共享，医疗	《粤港澳大湾区公共服务发展报告》
惠州大亚湾经济技术开发区	产业协同布局	发展石化和电子信息产业，推动与深圳和东莞的产业合作	石化，电子信息	《惠州大亚湾开发区年度报告》
中山翠亨新区	技术创新与合作	建设科技创新园，吸引港澳科技企业和研究机构入驻	科技创新，港澳合作	《中山翠亨新区发展规划》

续表

园区名称	产业升级作用	具体措施	关键词	来源
江门高新区	生态环境共治共享	推进水资源保护和治理项目，建设环保科技园区	水资源保护，环保	《江门市高新区发展报告》
肇庆新区	公共服务一体化	建设跨区域教育合作平台，提升区域教育资源共享水平	教育合作，共享	《肇庆新区年度报告》

资料来源：对北京、天津、河北相关开发区政策文件整理得出。

深圳前海深港现代服务业合作区通过产业协同布局，推动现代服务业的发展，吸引了大量香港高端服务企业入驻。前海的这个举措不仅加强了深港两地的经济联系，还提升了深圳在现代服务业中的竞争力，成为大湾区经济一体化的重要节点。

广州南沙新区在基础设施互联互通方面，通过建设南沙港区四期，发展港口物流，形成了国际航运枢纽。南沙新区的港口建设极大地促进了物流业的发展，提高了货物运输的效率，为大湾区的国际贸易提供了坚实的基础。

珠海横琴新区则在技术创新与合作方面，通过设立创新中心，吸引澳门科技企业入驻，推动了区域内的科技合作。不仅提升了珠海的科技创新能力，还促进了珠澳两地的经济合作与交流，增强了区域的科技竞争力。

佛山高新区在产业协同布局上，通过发展高端制造业，推动了与广州、深圳的产业协同。佛山高新区的高端制造业发展不仅提升了自身的产业水平，也通过与广州、深圳的协同合作，实现了资源和市场的共享，促进了区域经济的整体提升。

深圳南山区在技术创新与合作方面，通过建设人工智能和大数据研发中心，吸引了大量国际人才。南山区的举措不仅增强了区域内的技术创新能力，还提升了大湾区在人工智能和大数据领域的国际竞争力。

广州黄埔区在生态环境共治共享方面，通过推动绿色发展，建设环保产业园区，实施了一系列污染防治项目。这些措施有效改善了区域内的生态环境，提高了居民的生活质量，也为大湾区的可持续发展奠定了基础。

珠海香洲区在公共服务一体化方面，通过推进教育和医疗资源共享，建设跨境公共服务平台，提升了区域内公共服务的整体水平。香洲区的举措不仅满足了居民对高质量公共服务的需求，还促进了区域内的人才流动和经济发展。

惠州大亚湾经济技术开发区通过产业协同布局，发展石化和电子信息产业，推动与深圳和东莞的产业合作。这种产业协同不仅提高了惠州的经济发展水平，同时通过与深圳和东莞的合作，实现了资源的优化配置。

中山翠亨新区在技术创新与合作方面，通过建设科技创新园，吸引了港澳科技企业和研究机构入驻，推动了科技创新和区域合作。翠亨新区的举措不仅提升了自身的科技创新能力，也加强了与港澳地区的经济联系。

江门高新区在生态环境共治共享方面，通过推进水资源保护和治理项目，建设环保科技园区，促进了区域内的生态环境保护。江门高新区的环保举措不仅改善了区域内的生态环境，还为大湾区的可持续发展提供了有力支持。

肇庆新区在公共服务一体化方面，通过建设跨区域教育合作平台，提升了区域内教育资源共享水平。肇庆新区的举措不仅提高了教育质量，也促进了区域内的人才培养和经济发展。

5.4　本章小结

本章立足于开发区产业如何转型升级，重点分析了转型升级的核心动力和实施路径，并通过对国内部分开发区的实践案例以及城市群协同发展政策进行分析，得出两点结论。

第一，资本的高效配置、创新驱动和智力资源的有效集聚是推动开发区产业高端化和智能化转型的关键动能。结论表明了资本、创新和智力资源三者的结合，是提升开发区整体市场竞争力和产业链升级的重要因素。

第二，开发区产业转型升级的三大路径——传统产业的技术改造与环保升级、战略性新兴产业的深化发展及未来产业的前瞻布局，是实现产业结构优化和高质量发展的核心策略。

本章还探讨了北京开发区如何通过产业布局调整与外迁促进区域经济的均衡发展，有助于更深入地理解开发区在区域协同中的作用及其对产业链延伸与价值链提升的贡献。

基于以上结论，本章还提供了开发区产业如何实现转型升级的新见解，并为进一步研究如何推动开发区实现高质量发展奠定了基础。

6 开发区产业数字化转型的高质量发展

▲ 数字化转型的战略意义
▲ 开发区数字化转型的核心技术与应用
▲ 开发区数字经济演进特征探究
▲ 数字化转型的实施策略
▲ 本章小结

本章主要围绕中国开发区产业的数字化转型的战略意义、技术应用、演进特征、转型策略、未来趋势等方面展开探讨，从国家、省级、园区等不同层面进行了理论与实证分析，为开发区产业高质量发展探索数字化转型路径与优化方向。

6.1 数字化转型的战略意义

6.1.1 开发区数字化转型的时代价值

党的二十大报告指出，要"加快发展数字经济，促进数字经济和实体经济深度融合，打造具有国际竞争力的数字产业集群"。国家高新技术开发区是高新技术产业的聚集地，建设国家高新区是党中央、国务院作出的重大战略部署。国家级开发区承载了数字经济时代优质的要素资源，具备发展数字经济的丰富场景，是构建智慧园区的重要平台。经过近20年的发展，已经成为我国产业高质量发展的一面重要旗帜。数字经济的到来，使所有开发区都站在了新的历史发展起点上，如何正确把握数字经济新趋势，适应数字经济新特点，创建并不断完善有利于数字经济发展的新环境，是摆在所有开发区面前的新课题。

2024年，政府工作报告提出，要深入推进产业数字化转型。从本质看，数字技术赋予劳动资料数字化的属性，算力算法的高链接性与泛时空性，实现了生产各环节的深度融合，能够有效推动要素高效匹配，推动产业数字化转型发展，是增强开发区产业发展新局面，构筑各开发区产业高质量与经济增长新优势的重要驱动力。

6.1.2 开发区数字化转型的内涵

本节主要从产业价值链层面对产业数字化转型的内涵进行概括。伴随着产业分工的不断深化，数字要素与数字技术不断有机融入生产价值链各环节。基于产业价值链理论可知，产业内外分工与协作有机并存及融合，数字化转型涉及各环节、各领域。基于"微笑价值曲线"（见图6.1）及相关理论，不同产业价值链的提升，均涉及价值向上移动或向前后延伸，通过提升技术层次等维度提高产业附加值。从细分领域看，价值链涵盖创新、研发、设计、制造等环节，数字技术与数字要素可渗透至每个层面，意味着数字化转型存在创新、研发、设计、制造等环节，在多环节数字化的共同驱动下，有效提升生产要素的配置效率。从数字产出成果视角看，曲线向上移动表示的是在数字技术推动下实现产业价值链提升；向前或向后端延伸，反映出通过优化数字化产业或产业数字化结构及培育新业态、新模式等途径，实现产业数字化转型升级。

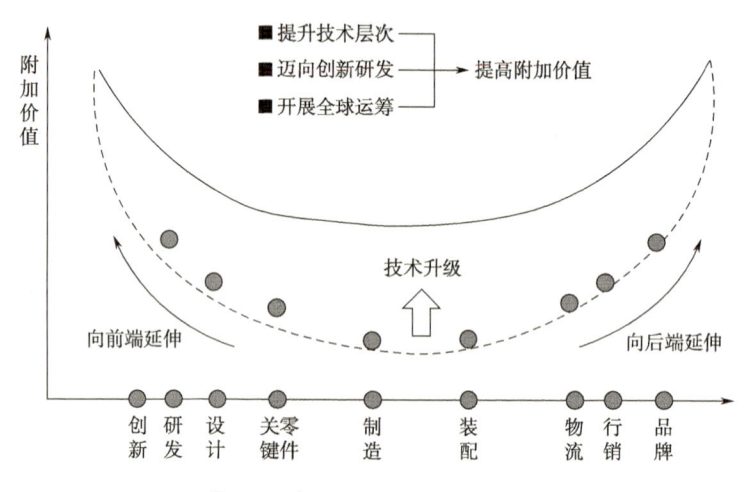

图6.1 产业价值链"微笑曲线"

国家高新技术开发区主要以高新技术产业集聚引领发展为主，以数字化信息和知识作为核心生产要素，数字平台为载体，推动开发区高新技术产业与数字技术深度融合、实现数字化发展，主要涵盖两方面：一是数字化产业结构规模扩大，如互联网、人工智能、数字媒体、元宇宙等；二是产业数字化发展，即高新技术产业应用数字技术以提升生产效率或形成新型数字化产业形态，如智能制造、数字教育等新模式、新业态。

近年来，国家高新区不断深化改革探索，促进科技创新与产业创新对接，以数字化转型引领产业升级、不断形成新质生产力。从数字化发展成果看，国家高新区着力推动人工智能、大数据、云计算、区块链和元宇宙等新产业、新业态蓬勃发展。统计数据显示：2022年国家高新区数字化相关产业营业收入超过13万亿元，占国家高新区总营业收入的比重超过1/4，占全国数字经济总量近三成；其中，电子及通信设备制造等电子信息类产业营业收入占全国比重超过40%。此外，超过60%的高新区已经建成城市级数据中心，近

70%的高新区建立了大数据平台和政务信息共享平台，超过80%的高新区建立了城市级云计算平台。

与此同时，产业数字化水平逐步提升，利用互联网新技术对传统产业进行全方位、全链条的改造，推动企业上云用数赋智，支持建设智能工厂、数字化车间，大力培育数字化转型解决方案供应商。数字化园区有序推进，约50%的国家高新区部署数字园区、智慧城市建设，设立数字产业促进机构等推动数字经济发展，超过60%的高新区已经建成城市级数据中心，近70%的高新区建立了大数据平台和政务信息共享平台，超过80%的高新区建立了城市级云计算平台。此外，智能机器人、卫星导航等一批引领性原创成果在高新区加速产业化，第一枚人工智能芯片、第一个量子通信卫星等均诞生在高新区；大部分国家级高新技术开发区内数字经济企业集聚度达60%以上。

一系列丰硕成果充分彰显了数字化转型在国家高新技术开发区产业发展进程中的推动作用，是新时代、新征程强化开发区产业新竞争力的重要支撑，有效促进了产业综合实力快速提升，为新时期高水平推进新型工业化奠定了坚实的基础。2024年4月26日，《国家高新区创新能力评价报告（2023）》正式发布，报告进一步提出了加速产业数字化、前瞻性布局未来产业，实现全方位转型升级的战略规划，为以数字化转型赋能开发区产业高质量发展提供了更高指引。

6.1.3　全球视野下的数字化趋势

随着数字技术与数字资源的广泛应用与强渗透性，在全球数字经济的浪潮下，开展数字化转型，已成为世界各地适应数字经济，谋求生存发展的必然选择，成为推动全球产业发展与经济变革的重要引擎。当前，全球各数字经济大国产业发展的数字化转型态势逐渐提升，推动各产业数字化转型，赋能实体经济数字化转型，使得实体经济与数字技术融合发展加快，逐渐成为各国施策重点。在此背景下，数字化转型为各国开发区产业高质量发展提供了重要的战略支撑，数字化布局逐步完善，数字潜力加快释放，成为各国开发区乃至经济发展的重要力量与核心动能。

从数字经济规模看，2022年，美国数字经济规模达17.2万亿美元，中国数字经济规模为7.5万亿美元，排名全球第二。图6.2直观展示了中国、美国、德国（2022年数字经济规模排名前三）三个国家数字经济规模的增长趋势。中国拥有全球最大的数字经济市场，产业数字化转型基础日益完善，为高新技术开发区产业高质量发展奠定了重要基石。此外，英国、德国、美国的数字经济占GDP的比重均达65%以上；日本、法国的数字经济也达1万亿美元以上。2023年全球人工智能市场收入达5 381.3亿美元，同比增长超过20%。

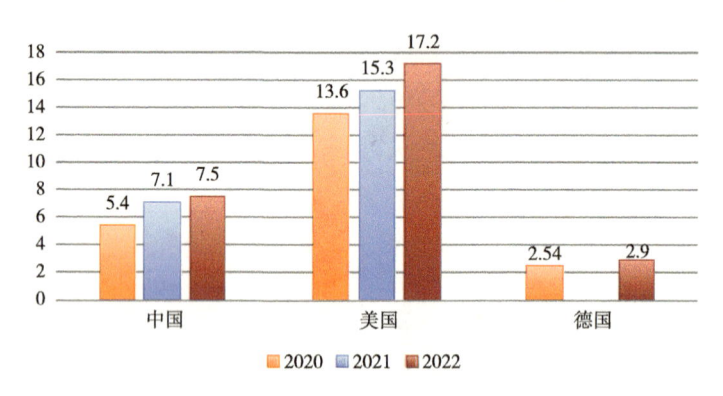

图6.2　中美德三国数字经济规模比较（万亿美元）

数据来源：《全球数字经济白皮书》。

近年来，在政策支持方面，各国逐渐认识到数字化发展的重要性，国家级数字发展战略不断完善、战略不断聚焦，有序强化对重点领域的数字化支持（见表6.1）。中国发布了《数字中国建设整体布局规划》《"十四五"数字经济发展规划》等，从顶层设计上为重点领域的数字化发展指明了基本思路与路径，为开发区以数字化转型推动产业高质量发展明确了前进方向。

表6.1　部分国家数字经济政策展示

国家（部分）	相关数字政策
中国	《数字中国建设整体布局规划》（2022年）、《"十四五"数字经济发展规划》（2021年）
美国	《国家先进制造业战略》（2022年）
英国	《英国数字战略》（2022年）
澳大利亚	《2022年数字经济战略更新》（2022年）
德国	《数字经济战略2025》（2022年）、《制造业X计划》（2023年）

续表

国家（部分）	相关数字政策
西班牙	《数字西班牙2025议程》
韩国	《产业数字化转型促进法》《元宇宙领先战略》（2022年）
阿联酋	《区块链战略2021》（2018年）、《人工智能战略2031》（2019年）
沙特阿拉伯	《国家数据与人工智能战略》（2020年）

此外，其他先进国家的政策推动为中国开发区数字化转型发展提供了丰富的经验借鉴。英国的数字战略主要围绕多维领域展开布局，涉及完善数字基础设施，提升数字技能与培养人才，发展创意和知识产权，改善数字服务效能，拓展数字融资渠道，提升国际数字地位，等等。美国聚焦"引领制造业数字化未来"与"加强供应链数字化"两个目标，出台《国家先进制造业战略》等相关政策，着力推动供应链数字化转型创新，实现相关部门的全链条数字化链接。

6.2 开发区数字化转型的核心技术与应用

6.2.1 数字化关键技术介绍

进入数字化时代，数据与数字技术作为新型生产要素，已快速融入生产、消费、流通、分配和社会服务管理各环节。AI+赋能重点行业关键生产环节、重点产业全员群，加快垂直行业应用落地，是提升开发区大模型技术创新能力和产业发展活力的关键。数字技术在中国各开发区有序应用，不断助力产业高质量发展。涉及的数字化技术主要有云计算、大数据、人工智能、物联网和区块链等。

云计算（Cloud Computing）是分布式计算的一种，指的是通过网络"云"将巨大的数据计算处理程序分解成无数个小程序，然后，通过多部服务器组成的系统进行处理和分析，将得到的结果返回给用户。简单说，云计算就是简单的分布式计算，解决任务分发，并进行计算结果的合并。因而，云计算又称为网格计算。通过这项技术，可以在很短的时间内（几秒钟）完成对数以万计的数据的处理，从而实现强大的网络服务。

大数据(Big Data)，或称巨量资料，指的是所涉及的资料量规模巨大到无法透过主流软件工具，在合理时间内达到撷取、管理、处理，并整理成为帮助企业经营决策的有用资料。

人工智能（Artificial Intelligence，AI）是新一轮科技革命和产业变革的重要驱动力量，是研究、开发用于模拟、延伸和扩展人的智能的理论、方法、技术及应用系统的一门新的技术科学。

物联网（Internet of Things，IoT），起源于传媒领域，是信息科技产业的第三次革命。物联网是指通过信息传感设备，按约定的协议，将任何物体与网络相连接，物体通过信息传播媒介进行信息交换和通信，以实现智能化识别、定位、跟踪、监管等功能。

区块链（Blockchain）是一种块链式存储、不可篡改、安全可信的去中心化分布式账本，结合了分布式存储、点对点传输、共识机制、密码学等技术，通过不断增长的数据块链（Blocks）记录交易和信息，确保数据的安全和透明性。

5G/第五代移动通信技术（5th Generation Mobile Communication Technology）是一种具有高速率、低时延和大连接特点的新一代宽带移动通信技术。

6.2.2 开发区数字化转型特征

开发区作为各地数字经济发展的主阵地，要依托各类数字技术有序渗透，以人工智能与大数据等数字产业为着力点、构建引领性数字产业集聚高地，实现园区服务数智化、园区管理数治化、园区产业智能化的园区发展新模式，不断促进以园区为核心的各类数据要素流通和融合应用创新，以"数据驱动、平台赋能"方式撬动整个园区产业链和产业生态健康可持续发展，推动云计算、大数据、人工智能、区块链、物联网、数字孪生、云通信等前沿数字技术产业生态圈在开发区的布局和发展。

当前，开发区数字产业与产业数字化发展呈现显著的协同集聚特征，打造具有国际竞争力的数字产业集群，有效助推数据要素的优化配置与有机融合、多层面延伸产业链条（Jeremy et al.，2019），能够在一定程度上促进区域内生产力布局优化、区域间经济联动发展，进而有效构筑各地经济高质量发展新优势。

与此同时，数字技术对生产要素具有一定的替代、补充与创造效应（Ana et al.，2020；丛屹和闫苗苗，2022）。新技术、新业态、新模式的产生，改变了传统企业的组织架构，并有效渗透至居民消费、服务模式等环节，多层次为经济增长注入新动力，促进经济高质量发展。

截至2023年7月，中关村高新技术企业库统计数据显示，北京中关村高新技术企业共计24 970家；电子与信息领域公司达16 015家，占比64.1%；先进制造技术公司2 056家，占比8.2%。2024年2月发布的《北京市制造业数字化转型实施方案（2024—2026年）》明确指出，发挥产业园区集群优势，建设数字化转型先进园区，打造北京市数字化转型标杆示范。充分凸显了数字技术在开发区产业高质高效发展中的重要作用。

6.2.3　开发区数字化转型成效

2023年以来，京津冀三地围绕新能源和智能网联汽车、生物医药、氢能、网络安全和工业互联网、高端工业母机、机器人等重点产业链，共同绘制产业链图谱，加快推动符合全球产业竞争方向、创新密度高、市场潜力大的数字产业集群化发展，数字产业链供需对接和要素共享取得初步成效。京津冀各开发区的数字化转型发展，为三地数字产业协同创新，产业高质量发展提供了坚实的数字支持。

6.2.3.1　北京亦庄经济开发区

作为首都高精尖产业主阵地，北京经开区在数字经济浪潮中加速产业数字化转型升级，聚焦数字制造、数字医疗、数字资产、数字安全、数字金融、数字城市、数字交通、数字政务、数字生活、数字交互等重点领域，支持企业打造汽车零部件智能工厂、数字资产流通平台、无人零售、AR字幕眼镜等应用场景陆续落地。

如在主导产业建设数字化智能工厂方面，海斯坦普正打造生产高端轻量化车身及车身装焊总成智能工厂扩建项目，科仪邦恩正打造新一代微创骨科植入物数字化设计研发；在数字医疗应用与拓展领域，微岩医学则搭建中国人群病原微生物宏基因组学数据、临床数据、耐药基因数据的智能化分析平台；在新兴产业数字转型方面，碳阻迹构建了"碳管理SaaS数字平台场景"，注色影视的"新一代智能演播室摄像机器人集控系统"让"无人值守演播室"成为可能，等等。

6.2.3.2 天津经济技术开发区

近年来，天津经济技术开发区不断深化数字技术在各领域的应用，推动数字技术与"制造业立区"的数实融合，数字产业化、产业数字化持续优化发展，2023年，天津经济技术开发区数字经济核心产业营业收入超1 000亿元，其中，数字产品制造业营业收入超过800亿元，服务领域数字产业营业收入超过300亿元，以产业数字化升级助力京津冀协同发展。当前聚集高济医疗、泛生子、苏州医朵云、京东健康等超过50家数字医疗产业头部企业，互联网医疗产业在天津开发区逐步落地，布局了超1 500个5G基站，积极拓展5G技术在工业控制、远程医疗、智慧城市等行业的应用。与此同时，在国家超级计算天津中心、天津市滨海新区信息技术创新中心、天津（滨海）人工智能创新中心等重点科技创新平台支撑下，汇集了300余家数字经济企业，覆盖芯片、工业互联网、数据中心、云计算等行业，形成了"超级计算—大数据—智能应用"完整的智能科技数字经济产业链，逐步打造出中国最具竞争力的产业数字化创新聚集区。

2023年，天津经济技术开发区发布了《数字泰达建设2023年攻坚行动方案》，围绕天河新一代超级计算机打造人工智能开源开放综合服务平台，经开区加速天河云、腾讯云、金山云等大数据基础设施服务覆盖区内企业，明确了将天津经济技术开发区建设成为全国数字经济高质量发展标杆园区的发展方向。为深度融入京津冀产业集群建设、高质量建设协同创新平台提供支撑。

6.2.3.3 河北省廊坊开发区

近年来，河北省廊坊开发区加快建设数字开发区，加强外引内联、技术创新和产业培育，构建人工智能等新的增长引擎，打造具有较强竞争力的数字产业集群，助力推动现代化技术与经济社会发展深度融合。当前，廊坊开发区充分集聚华为、润泽、京东、联通等企业优势资源，大力推进数据中心、5G基站、计算中心等建设，2022年，廊坊经济开发区电子信息产业营业收入达到266亿元，同比增长4.7%。

截至目前，区内已建成数据中心94.5万平方米，在线运行服务器110万台；全省首家人工智能计算中心已经投用，能够提供100P计算能力，可助力智能制造等场景应用孵化，赋能各行各业。廊坊开发区已基本形成集大数据基础产业、半导体材料、高端电子信息产品制造、电子信息科技转化平台于一体的电子信息全产业链条。廊坊开发区以数字化新业态积极助力京津冀产业高质量发展，其中依托数据挖掘和人工智能等技术，京东廊坊智能物流仓更加注重数字化转型，运行效率提升超过3倍，家居企业加装智能化生产线，实现了全流程的自动化，材料利用率提高11%，产量有效提升近160%。同时，廊坊开发区积极引导支持区内企业通过数字赋能，实现传统制造向智能制造的转型蝶变，企业核心竞争力显著提升。目前，该区已建成市级以上智能化工厂、数字化车间20个，"互联网+"制造业试点示范项目5个，企业上云数量超100家。数字化转型有效促进了开发区产业高质量发展，加快推进数字产业化和产业数字化，持续激发经济发展新动能。

6.3 开发区数字经济演进特征探究

本节以北京经济开发区为例，从数字技术融合、数字产业发展、数字产品应用、数字生活提升、数字普惠金融五个层面，探讨开发区数字经济的演进特征与发展趋势。

6.3.1 数字经济发展效果的测度体系构建

6.3.1.1 多维指标体系设计

数字经济能够有效映射开发区经济发展规模与质量，是国家级开发区经济社会持续健康发展的核心内容。构建数字经济发展新高地已逐步成为各地打造数字化示范园区、聚焦数字化转型发展的主阵地。根据《数字经济分类》，数字经济主要涉及数字产业化与产业数字化两大层面，涵盖数字化赋权基础设施、数字化交易、数字化媒体及数字技术广泛融合渗透的新兴产业，如人工智能、大数据、云计算等。从细分领域看，中国数字化的演进主要体现在制造业与服务业[①]上，当前，我国开发区数字化从行业到产业均呈现一定集聚态势。基于此，本节在产业数字化与数字化产业基础上，从构建数字制造业和服务业协同集聚的测度方法，基于数据的可得性与连贯性，以北京经济技术开发区为例，探究开发区数字经济发展细分领域演进特征与趋势。指标体系如表6.2所示。

---

① 2020年，我国数字化工业、服务业占比均超20%，数字渗透率分别为21%和40.7%。

表6.2 开发区数字经济发展效果测度体系

一级指标	二级指标	指标说明	指标属性
数字经济发展指数	数字技术融合	每百人互联网用户数	+
	数字产业发展	计算机服务和软件从业人员占比	+
	数字产品应用	人均电信业务总量	+
	数字要素提升	每百人移动电话用户数	+
	数字普惠金融	北大数字普惠金融指数	+

6.3.1.2 数据来源与变量说明

北京经济技术开发区数字经济综合指标基础数据涉及五个层面的指标，本节使用样本覆盖2000—2022年的数据，考虑指标数据的可得性和连续性，基础数据主要来源于《北京区域统计年鉴》《中国城市统计年鉴》《北京经济技术开发区统计年鉴》等。

其中，数字技术融合是指应用数字技术和数据资源为传统产业带来的产出增加和效率提升，是数字技术与实体经济的融合，使用互联网普及率进行刻画；数字产业发展指为产业数字化发展提供数字技术、产品、服务、基础设施和解决方案，以及完全依赖于数字技术、数据要素的各类经济活动，本节以计算机服务和软件从业人员占比衡量；数字产品应用使用人均电信业务总量表征；数字要素提升使用移动互联网应用水平（每百人移动电话用户数）衡量；数字普惠金融水平使用北京大学数字金融研究中心编制的数字普惠金融指数进行刻画。

6.3.1.3 单维度指标刻画

在构建综合指标体系的基础上，本节进一步从数字经济创新发展的视角，对北京经济技术开发区的数字化转型效果进行测度。创新作为提升资源配置效率的第一生产力，是重塑产业链、价值链竞争格局的重要支撑，对于推动数字要素有效渗透，进而影响开发区高质量发展具有重要意义。2024年，政府工作报告提出，深入推进数字经济创新发展。从本质看，数字经济创新发展能够加速生产要素流动，提升市场配置效率，推动生产方式变革，促进生产力释放，是实现开发区高质量发展，开拓开发区建设新局面的重要驱动力。鉴于技术创新的多主体、多层次特性，本节以创新结果为切入点，使用信息传输、软件和信息技术服务业研究与试验发展（R&D）经费，对北京经济技术开发区数字经济创新水平进行刻画。

6.3.2 开发区数字经济发展效果的演进特征

在综合指数体系上，首先，由于各维度下具体指标的数值差距较大及单位无法统一，因此无法直接对数据进行计算和分析，为保证测度结果的合理性及可靠性，需要对原始指标结果进行标准化处理，计算公式为：

正向指标

$$\tilde{X}_{jk} = \frac{X_{jk} - \min(X_{jk})}{\max(X_{jk}) - \min(X_{jk})} \quad （式6-1）$$

负向指标

$$\tilde{X}_{jk} = \frac{\max(X_{jk}) - X_{jk}}{\max(X_{jk}) - \min(X_{jk})} \quad （式6-2）$$

其中，j 表示开发区，k 表示第 k 个指标，$\tilde{X}_{jk}$ 代表标准化后的指标数值，X_{jk} 代表原始指标数值，$\max(X_{jk})$ 和 $\min(X_{jk})$ 分别指 X_{jk} 的最大值和最小值。将指标数值标准化可有效消除各项指标量纲上的不一致，并将各指标数值控制在 [0,1] 之间。

其次，维度层使用以信息熵为基础计算的较为客观的赋权方法——熵权法，确定权重。

第一步：计算维度层 m 下第 k 个指标值的比重 p_{mk}

$$p_{mk} = \tilde{X}_{jk} \Big/ \sum_{k=1}^{n_k} \tilde{X}_{jk} \quad （式6-3）$$

第二步：计算维度层 m 的信息熵 e_m

$$e_m = -q \times \sum_{m=1}^{n_m} p_{mk} \cdot \ln p_{mk}, \text{ 其中 } q = 1/\ln n_m \quad （式6-4）$$

第三步：计算各维度层的熵权 w_m

$$w_m = (1 - e_m) \Big/ \sum_{m=1}^{n_m} (1 - e_m) \quad （式6-5）$$

最后，根据各维度层的权重计算，表6.3最后一列展示了样本期间北京经济技术开发区数字经济发展指数。

表6.3　开发区数字经济发展综合指数

年份	数字技术融合	数字产业发展	数字产品应用	数字要素提升	数字普惠金融	数字经济发展指数
2000	19.477	0.054	0.086	21.741	31.840	0.111
2001	16.745	0.039	0.070	20.964	27.410	0.010
2002	20.296	0.041	0.092	25.005	33.260	0.121
2003	17.758	0.039	0.086	22.115	29.880	0.054
2004	19.426	0.057	0.081	22.065	32.270	0.117
2005	22.264	0.055	0.096	26.523	35.660	0.206
2006	21.833	0.050	0.102	24.766	35.490	0.181
2007	22.853	0.060	0.095	25.549	37.460	0.216
2008	21.002	0.057	0.098	26.657	33.950	0.204
2009	25.304	0.075	0.122	27.840	40.530	0.361
2010	26.264	0.053	0.109	30.434	42.930	0.299
2011	24.342	0.052	0.111	32.192	41.230	0.296
2012	28.552	0.069	0.120	33.765	92.070	0.446
2013	29.273	0.063	0.126	32.042	94.850	0.433
2014	27.510	0.057	0.132	37.749	181.740	0.504
2015	30.614	0.075	0.144	36.734	207.330	0.617
2016	29.529	0.059	0.118	34.132	200.450	0.483
2017	29.265	0.071	0.130	38.444	188.790	0.571
2018	34.955	0.085	0.163	38.663	230.000	0.751
2019	32.280	0.080	0.134	34.767	213.100	0.616
2020	33.231	0.087	0.154	44.277	215.880	0.770
2021	36.048	0.078	0.150	41.297	240.140	0.745
2022	40.172	0.105	0.193	45.125	271.700	1.000

在指标测算基础上，本节进一步对发展指数及各维度指标的演进特征进行了展示，如图6.3所示。从图中可以看出，整体上，2000—2022年，北京经

济技术开发区数字经济发展指数呈现波动递增的态势，且2022年增长迅速，反映出在开发区数字要素流动性高、渗透范围广的特性日益增强，是开发区经济高质量发展的重要支撑。

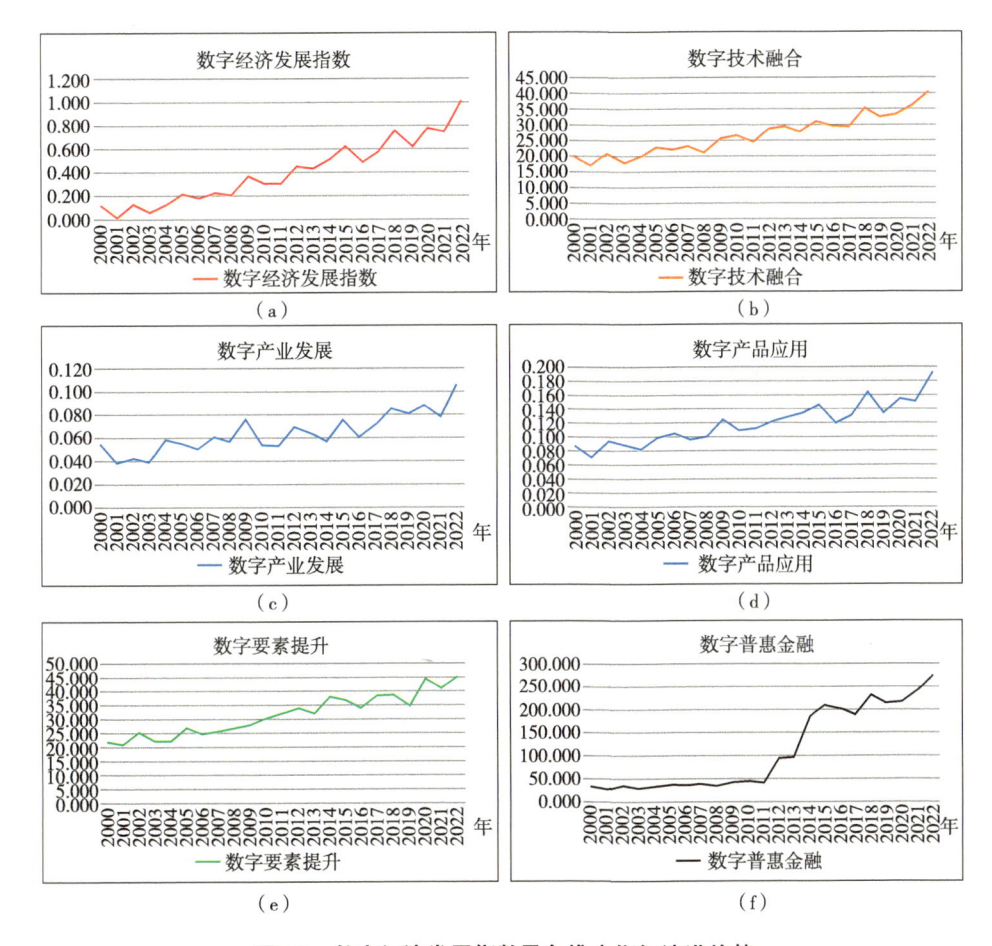

图6.3　数字经济发展指数及各维度指标演进趋势

在各维度层面均呈现一定的增长趋势，但增幅存在显著性差异。其中，数字技术融合增长态势较为平稳；数字产业发展虽然整体上表现为增长态势，但波动性较大；数字普惠金融指数在2011年前增长较为缓慢，但在党的十八大后一系列政策的推动下，2012—2022年增长迅速，五个维度均是开发区数字经济发展的重要维度。

此外，在数字经济创新层面（见表6.4），基于数据的连贯性，样本期为

2013—2022年。从数值上看，北京经济技术开发区整体数字经济创新水平呈现显著的增长态势，在增长幅度上，2022年增速为259.82%，较为显著；2016年相较于2015年增长最为迅速，为391.62%。反映出北京市政府对开发区数字技术与产业的投入力度不断扩大；进一步体现，以数字经济创新推动开发区数字经济发展，是实现开发区产业高质量发展的重要内容，也是提升与释放新质生产力的重要途径。

表6.4 开发区数字经济创新发展水平

年份	数字经济创新水平	较上一年增幅（%）
2022	157 611.6	259.82
2021	43 803.2	−32.08
2020	64 488.8	−3.65
2019	66 930	−6.06
2018	71 244.5	302.63
2017	17 694.8	85.59
2016	9 534.4	391.62
2015	1 939.4	40.85
2014	1 376.9	−7.68
2013	1 491.5	

6.4 数字化转型的实施策略

6.4.1 制定数字化转型策略

数字化转型策略的有效制定是实现开发区产业高质量发展的重要支撑。中国各开发区一方面依托国家与省（区、市）制定的数字发展政策，另一方面陆续出台立足自身特征与产业优势的数字化发展实施方案，从多元化的政策视角推动产业数字化转型，是近年来各开发区产业发展的重要内容。表6.5列示了近5年中国各省份及开发区的数字化转型相关政策（部分）。

表6.5 近5年部分开发区及其依托的省级数字化转型政策

开发区	政策
北京亦庄经济开发区	《北京市制造业数字化转型实施方案（2024—2026年）》《北京经济技术开发区数字经济创新发展暨推进全球数字经济标杆城市先行区建设行动计划（2022—2024）》
北京中关村	《"十四五"时期中关村国家自主创新示范区发展建设规划》《中关村国家自主创新示范区数字经济引领发展行动计划（2020—2022）》
天津经济技术开发区	《数字泰达建设2023年攻坚行动方案》《天津加快数字化发展三年行动方案（2021—2023）》《天津市智慧城市建设"十四五"规划》
上海张江高新技术产业开发区	《上海市经济信息化委关于加快推进本市智慧园区建设的指导意见》《上海市人民政府关于促进本市高新技术产业开发区高质量发展的实施意见》
重庆高新技术开发区	《重庆智慧园区建设总体方案》《重庆市数字经济"十四五"发展规划（2021—2025年）》
武汉东湖技术开发区	《东湖高新区关于推动数字经济高质量发展的若干措施及实施细则》
浙江杭州高新技术开发区	《浙江省推进数字化园区建设实施方案》《浙江数字经济"十四五"发展规划》
成都高新技术开发区	《成都高新技术产业开发区加快数字经济产业重点领域高质量发展若干政策》

各地政府相关政策的陆续出台，在开发区数字化转型进程中发挥着重要的引导作用，从顶层设计上探寻新路径，拓展新空间。结合本地优势与特色，并依托国家整体规划与各地先进经验，在发展优势、发展动力、驱动措施等方面，敢于突破思维出新招，为开发区产业数字化转型助力增效。各开发区主要从四个方面制定策略推进数字化转型。

6.4.1.1 加大数字研发投入

鼓励人工智能企业加大研发投入，鼓励企业开展多模态通用大模型研发，并向中小企业开放模型应用，支持企业、高校院所和第三方机构围绕模型开发搭建开源开放平台（社区），构建基于开源开放技术的软件、硬件、数据、应用协同的产业数字化发展新形态。

6.4.1.2 发挥开发区产业集聚优势

与传统产业发展相比，数字产业集聚作为一种本地化的产业组织形式，增强了数字产业的空间关联，且具有一定的"时空压缩"和"边界突破"效应。一是以开发区为载体的产业集聚能够有效链接企业与生产部门间的网络结构，从而降低不确定性因素与交易成本（Goldfare and Tucker，2019），推动开发区企业各领域、各环节的协同与互促，进而对经济结构优化产生一定外部效应。这也与马歇尔（Marshall）等产业集聚理论相契合。二是数字技术是产业链、价值链、供应链的多维度连接。依托数据激活要素潜能与集聚以减少信息流动障碍，数字技术能够通过共享机制促进资源配置效率提升，加快生产要素在不同主体之间流动，打破传统企业与产业的资源约束，促进产业间相互渗透（李燕，2019；杨耀武和张平，2021），增强产业核心竞争力；进而助推产业向新模式、新业态转型，不断提升产业高质量发展动能。

6.4.1.3 助力优化就业结构

在企业层面，数字化作为新时代技术革命的核心，能够提高信息的共享性，增强劳动、资本等生产要素间的融合性；进而有利于提升各生产部门的协同效率、缩减生产和销售的中间环节，增加较高技能水平劳动力的需求，对企业的就业结构产生一定外部效应。同时人工智能等数字产业集聚与技术升级，有效提升了不同水平劳动力的生产率。相较于中低技能，高技能劳动力与数字产业发展的融合性更高，边际产出效率也更高，进一步推动了高水平劳动要素向高层次产业转移与劳动结构优化调整。此外，基于数字技术的共享性、替代性、边际生产率递增等特征，数字技术能够在一定程度上促进劳动要素的技能转移与空间转移，进而改变人力资本分工，使就业结构呈现差异化演进特征。

6.4.1.4 优化市场环境

依托数字技术与数字产品的推广与应用，企业积累了一定数据信息与技术资源，不断推进产品服务形态、组织结构、商业模式等领域的全方位创新；新业态创新层面，数字产业集聚的扩散效应能够促进研发模式的开源化与开放化，用工模式的多元化与弹性化，不断促进产业链上下游的数字化创新进程，实现对经济高质量发展的赋值、赋能，能够有效引领开发区产业形成良好竞争优势，构建良好的市场环境。同时依托数字技术的强渗透性，各开发区持续优化升级数字化管理、生产、服务、运营、安全等业务流程变革，用新一代信息通信技术，打破政府、园区、企业和个人等的信息壁垒，不断促进以园区为核心的各类数据要素流通和融合应用创新，以"数据驱动、平台赋能"，推动信息流畅互通，减少信息不对称等问题，撬动整个园区产业链和产业生态健康可持续发展。

6.4.2 数字化转型前景

数字化转型作为新一轮科技革命和产业变革的重要驱动力量，已经成为推动新质生产力发展的重要引擎，也是各地开发区充分发挥产业新动能，掌握未来产业发展主动权，塑造竞争新优势的重要途径。在创新驱动、商业模式、运营效率等方面，积极利用数字技术与数字要素以实现多元化发展。基于此，塑造数字化产业园区是当前各开发区发展的重要任务。

我国各省份正陆续成立数字经济产业园区，以更广阔的视角和更深入的布局，推动开发区数字化转型快速发展。如吉林成立松原数字经济产业园，空间聚集、资源共享、平台协作、高效管理的运营环境已经形成。实体产业与数字经济融合，能够有效帮助各行业降本增效，并推进守正创新。云南省数字经济开发区逐渐形成集数字经济优势产业集聚，生物医药发展迅猛，人才智库资源富集，交通枢纽中心地位突出等诸多发展优势于一体的数字经济聚集区，现已汇集云南省信息化中心、昆明人工智能计算中心、中国移动云南数据中心、华为云南区域总部、浪潮云计算产业园等大数据、云计算项目，承接云南省、西南地区及南亚、东南亚地区的数据服务业务。

抓住数字经济和园区经济的双重发展机遇，夯实数字基础设施，发挥园区优势，加快数字产业化、产业数字化，大力培植发展数字经济，推动数字经济和实体经济深度融合，是各地全力推动开发区高质量发展，依托开发区加快形成新质生产力的重要支撑。

6.4.3 数字化转型的挑战与对策

当前，开发区产业数字化转型进程加速推进，不断催生新技术、新业态、新模式的出现，持续渗透到经济社会各领域，对国家级开发区产业高质量发展的支撑作用日益凸显，但在技术、协同、安全等方面仍存在困境，亟待突破。

6.4.3.1 数字化转型发展进程中存在的问题与挑战

（1）数字化核心技术能力不均衡问题。现阶段，中国数字经济发展呈现自东向西逐级减弱的阶梯化特征，在一定程度上导致各开发区基础设施建设存在不平衡等问题。随着数字中国建设、开发区数字发展规划等的深入推进实施，各地数字设施供给能力日益增强，但同时导致区域间不平衡矛盾突出。从地域分布看，我国数字研发创新重心向东部倾斜，知名高校、科研院所、创新型企业扎堆于东部沿海地区，新兴数字产业研发总部主要集中在北京、上海、广东、浙江等少数省份，同时数字技术与传统产业深度融合的数量与质量也存在显著差异。此外，产业数字化转型发展与区块链、物联网、大数据、人工智能等高新技术和产业联系紧密。这些产业存在较高的市场进入门槛，不论是前期的厂房建设、产品设计，还是后期的市场推广、客户服务，都需要巨量的资金和人力支持。以上问题均是导致不同地区开发区之间数字技术发展不平衡的关键所在。

（2）跨部门、跨领域数字治理协同难问题。协同治理是政府与非政府机构之间互动的合作治理模式，即社会力量利用机制。跨部门、跨区域、跨层级的协调与协同是实现良治、善治的前提。开发区产业数字化转型涉及管理、政务、企业等部门与不同领域。跨部门、跨领域间由于管理方式方法与工作流程存在一定的差异性，数据共享过程中存在共享范围与边界模糊、数字流程过程责权不清、不能有效对接等系列问题，缺乏一定的统筹管理。这就使得开发区产业数字化转型进程中，会出现数字治理较难、协同应用水平有待提高等系列问题。

（3）企业信息隐私保护安全问题。数据是数字经济时代的重要资源。在大数据技术的快速发展与算力算法的推动下，海量数据挖掘、处理技术取得了飞跃性进展，对企业、个人信息的收集在一定条件下可以获得一定利益。在利益的驱动下，企业、个人信息的合理使用与隐私保护成为一大难点，使得数字化转型过程中数字资源保护存在一定的风险。此外，当前公共数据由于存在内涵边界不清晰等问题，企业个体信息是否属于隐私等问题存有质疑，导致在公共数据收集过程中存在过度、泛化等问题，同时缺少行之有效的约束管理办法，使得各开发区数字转型发展进程中存在系列问题，由于竞争现象存在，导致数字化转型过程中信息隐私保护的不确定性问题存在。

（4）数据要素市场化配置有待进一步完善。当前，中国各开发区数字要素市场化配置效率与开发区产业数字化快速发展的现实不相匹配，成为产业数字化转型发展的掣肘。当前关于数据流通体系、数据交易规则、数字标准规范等还不健全，开发区数字企业间不同的业务框架和系统导致数据联通、整合与共享不足，导致存在一定的"数据孤岛"现象，制约着开发区数字化发展进程与"数字红利"的有效释放。我国核心关键技术对外依存度较高，高端芯片、工业控制软件、核心元器件、基本算法等300多项，与数字产业相关的关键技术仍然受制于人，数字技术的产业化应用、工程化推广、商业化运作缺乏成体系推进，对中国各地开发区产业数字化转型发展的安全与稳定形成一定的挑战。

6.4.3.2 主要对策建议

（1）加快部署数字基础设施，攻关数字核心技术。数字核心技术是加强创新发展的关键，各地开发区应深入推进5G、人工智能等数字经济关键核心技术研发和标准研制，牢牢掌握数字经济技术自主权。各开发区依托自身优势和地域资源扩大数字经济技术发展底层逻辑优势，加快构建高速泛在、天地一体、云网融合的5G网络、算力网络，加快推动数字核心技术在工业领域的应用，并构建互联互通的园区数字资源体系。

（2）加大数字化创新人才的培养。依靠数字优化产业结构，提升技术创新能力，加快构建高质量开发区就业结构优化体系。充分激发数字活力，带动传统产业的智能化、数字化发展，有效增强产业结构升级与劳动力供给技能结构的匹配度。分行业开展制造业与服务业数字化，加速传统行业"上云"步伐，各生产企业应积极参与行业内头部企业的数字联动，大力吸引高技能人才。同时，应加快突破人工智能等前沿技术、掌握数字核心技术，扎实推进数字创新与传统创业的深度融合，大力培育创新数字新业态、新模式，以数字技术和应用的创新突破，为开发区数字化转型发展注入源源不断的强大动力。

（3）充分释放数字潜能，推进开发区数实融合纵深发展。各开发区充分厘清数字技术与实体产业的融合作用途径，聚焦人工智能、大数据、工业互联网、区块链、元宇宙等数字核心产业，加强面向多元化应用场景的技术融合和产品创新，丰富数字技术应用场景，使数字技术深度融入千行百业。同时各开发区以行业为支点、企业为落脚点、区间差异为突破点，积极建立数字信息库，推动数字转型发展与协同健康有序发展，释放数字发展红利，进而通过数字技术替代与渗透，优化开发区产业结构、提高产业高质量和发展水平。开发区管理层面的各级单位也应在加快建立数字集群资源流动与充分利用的同时，明确数字共享的标准、范围与责任等，营造良好、安全的数字要素市场，有效统筹布局开发区产业市场的智能数据管理与基础设施。此外，应充分发挥数字经济发展较快地区与开发区优势企业与行业的引领作用，力争各地开发区建成数字产业、贸易等数字化集群基地，大力推进新一代信息基础设施建设，加快筑成5G、大数据等行业集聚发展优势新高地，蹄疾步稳推进改革，扎实推进全过程数字协同联动发展。

（4）扩大数字经济自主权，完善数字经济治理体系。应持续完善数字经济治理顶层制度设计，加快建设开发区立体化、全方位、多层次的治理体现，全面提升数字技术的赋能作用。同时，应积极推动开发区企业、行业等层面数字化治理，从实体空间向网络空间延伸，构建符合数实融合发展新需求的数据治理模式，推动协同治理效应，畅通开发区企业与企业、企业与管理部门的数实融合规则和标准接口，加快构建数字协同治理体系。

6.5 本章小结

本章基于开发区产业数字化转型视角，分析了其数字化转型的时代价值、内涵阐释，以及全球视野下的数字化趋势；对开发区数字化转型的云计算、大数据等核心技术进行了介绍，给出了北京经济技术开发区、天津经济技术开发区、河北省廊坊开发区数字化转型的成效及时代特征；在此基础上，从数字技术融合、数字产业发展、数字产品应用、数字生活提升、数字普惠金融五个层面构建了数字经济发展效果综合评价指标体系，并以北京经济技术开发区为例，展示了开发区数字经济的时空演进特征；梳理了开发区在加大数字研发投入，发挥开发区产业集聚优势，助力优化就业结构，优化市场环境四个方面制定的实施策略，厘清了开发区数字化转型在数字化核心技术能力，跨部门、跨领域数字治理，企业信息隐私保护，数据要素市场化配置等方面面临的问题，并给出了相应的对策建议。

7 | 开发区产业发展典型案例

▲ 传统制造业转型升级的典型案例
▲ 发展战略性新兴产业的典型案例
▲ 培育未来产业的典型案例
▲ 本章小结

在当今全球经济格局深刻调整与产业变革加速推进的时代背景下，开发区作为区域经济增长的强劲动力和创新发展的高地，站在历史的新起点上，积极应对挑战，把握机遇，推动产业结构的深度调整与优化升级。辽宁高新区与沈阳经开区，作为传统制造业转型升级的先行者，不仅承载着厚重的工业历史，更在智能化、绿色化转型的道路上迈出坚实步伐，通过引入先进技术，优化生产流程，提升产品附加值，为老工业基地的焕新重生提供了生动样本。与此同时，山东开发区与上海特色产业园区，则成为发展战略性新兴产业的璀璨明珠。这些区域依托自身独特的资源禀赋和产业基础，精准定位，聚焦新一代信息技术、生物医药、高端装备制造等前沿领域，不断集聚创新要素，构建产业生态，推动形成了一批具有国际竞争力的战略性新兴产业集群，为区域经济的持续增长注入了强劲动能。更为瞩目的是，北京经开区与深圳高新区正以前所未有的勇气和决心，引领未来产业的探索与布局。它们聚焦于未来信息、未来健康、未来制造等前沿科技领域，通过建设未来产业先导区，培育未来产业领军企业，加强与国际创新资源的合作与交流，不断突破技术瓶颈，抢占未来发展制高点，为全球产业变革贡献了中国智慧与中国方案。本章深入剖析这些具有代表性的开发区产业发展案例，探讨它们如何在复杂多变的经济环境中，积极响应全球产业变革的号召，主动适应信息化时代的新要求，并通过策略性的产业调整与创新驱动，实现经济结构的优化与升级，成为引领产业升级与区域经济发展的先锋。

7.1 传统制造业转型升级的典型案例

在全球经济格局深刻调整与科技进步日新月异的背景下，传统制造业的转型升级已成为推动区域经济高质量发展的关键路径。中国作为世界制造业大国，正积极探索通过技术创新、产业升级和模式创新，实现传统制造业向智能化、绿色化、服务化转型的宏伟蓝图。在众多转型升级的生动实践中，辽宁高新区与沈阳经开区以其独特的地理位置，坚实的产业基础，积极的政策引导，以及显著的转型成效，成为传统制造业转型升级的典型案例。本节通过深入分析两个案例的转型历程、策略措施及成效经验，更好地把握传统制造业转型升级的规律和趋势，为推动我国制造业高质量发展贡献智慧和力量。

7.1.1 辽宁高新区

7.1.1.1 辽宁高新区发展概况

辽宁高新区作为东北地区科技创新的重要高地，不仅承载着振兴东北老工业基地的重任，更在探索传统制造业转型升级方面走在了前列。其依托丰富的工业遗产和科研资源，通过引进高新技术，培育新兴产业，优化产业结构，成功实现了传统制造业的华丽转身，为区域经济的转型升级树立了标杆。

（1）地理区位。辽宁高新区遍布全省各地，主要集中在沈阳、大连、营口、丹东、本溪、阜新等城市。这些高新区地理位置优越，多位于城市周边或重要经济带，如沈阳高新区位于沈阳市南部，大连高新区位于大连市区南部，营口高新区三面环水，是营口市主城区唯一既可观河又可看海的区域。这些区位优势为高新区的发展提供了良好的地理条件。

（2）交通条件。辽宁高新区交通条件便利，拥有完善的交通网络。沈阳高新区紧邻丹阜高速和沈阳绕城高速，周边聚集了大量科技企业，交通便捷促进了产业要素的流动。大连高新区则依托大连港和大连国际机场，形成了海陆空立体交通体系。营口高新区也因其独特的地理位置，成为连接东北亚经济圈的重要节点。

（3）自然环境。辽宁高新区自然环境多样，既有沿海的湿润气候，也有内陆的温带半湿润大陆性气候。这些高新区在发展过程中，注重环境保护与生态建设，努力打造宜居宜业的绿色园区。例如，辽阳高新区投资近10亿元建设污水处理、工业管廊等系统，构建起绿色制造体系。

（4）自然资源。辽宁高新区拥有丰富的自然资源，包括土地、矿产、森林、湿地等。这些资源为高新区的发展提供了坚实的物质基础。同时，高新区也注重自然资源的合理开发利用，推动资源节约型和环境友好型社会建设。

（5）社会经济。辽宁高新区作为科技创新的"高地"，对全省经济发展起到了重要支撑作用。近年来，全省高新区不断优化创新生态，集聚创新资源，提升创新能力，推动高质量发展。2021年，全省19个省级以上高新区以占全省1.2%的土地面积，贡献了全省13.8%的地区生产总值。高新区已成为辽宁省经济转型升级的重要引擎。

7.1.1.2 辽宁高新区发展历程

辽宁高新区的发展历程可以概括为初创起步、发展提高和新区建设三个阶段。

初创起步阶段（20世纪80年代末至90年代初）。在国家"火炬计划"的推动下，辽宁省开始规划并建设高新技术产业开发区，旨在通过科技创新促进地方经济发展。沈阳、大连等城市相继成立了高新技术产业开发区，作为科技创新和产业升级的试验区。高新区以优惠政策、基础设施建设为主要手段，吸引高新技术企业入驻，初步形成产业集聚效应。

快速发展阶段（20世纪90年代中期至21世纪初）。随着国内外经济环境的改善和科技的快速发展，辽宁高新区迎来了发展的黄金时期。高新区基础设施建设全面提速，产业快速发展，政策环境进一步优化，吸引了大量国内外投资，形成了一批具有竞争力的产业集群。同时，高新区加强了与科研机构、高校的合作，推动产学研深度融合，其内部的企业规模不断扩大，技术水平和市场竞争力显著提升。

转型升级阶段（21世纪初至今）。面对全球经济竞争加剧和国内经济结构调整的压力，辽宁高新区开始探索转型升级之路。政府出台了一系列政策措施支持高新区发展，高新区自身也加强了创新驱动发展能力建设。通过技术改造、产业升级和国际合作等方式，推动传统产业转型升级和新兴产业培育壮大。高新区内的产业结构不断优化升级，传统产业实现转型升级，新兴产业成为新的增长点。同时，高新区加强了与国际市场的联系与合作，推动产业国际化发展。

7.1.1.3 辽宁高新区产业演化过程

辽宁高新区的产业演化过程经历了从传统产业向高新技术产业转变的过程。

初创期产业（20世纪80年代末至90年代初）。电子信息、新材料、生物医药等高新技术产业开始在高新区内孵化和发展。这些产业在当时属于新兴领域，技术含量高、市场潜力大。高新区通过政策优惠和资源倾斜等方式支持这些产业的发展。

扩张期产业（20世纪90年代中期至21世纪初）。在原有产业基础上，新能源、节能环保等新兴产业开始崭露头角。随着高新区基础设施的完善和政策环境的优化，这些新兴产业迅速崛起并壮大。

转型升级期产业（21世纪初至今）。新一代信息技术、高端装备制造、生物医药等战略性新兴产业成为主导。在创新驱动发展战略的引领下，高新区内的产业结构发生了深刻变化。战略性新兴产业迅速崛起并成为新的增长点，传统产业则通过转型升级提升了竞争力和附加值。同时，高新区还加强了与国际市场的联系与合作，推动产业国际化发展。

7.1.1.4 辽宁高新区产业转型案例

（1）绿色基础设施。辽宁高新区构建了包括污水处理、工业管廊等在内的绿色基础设施系统。这些设施不仅有效提升了园区的环保水平，更为绿色制造体系的建设奠定了坚实基础。通过循环利用水资源、减少工业废弃物排放，辽宁高新区在环境保护与经济发展之间找到了平衡点。

（2）绿色工厂与绿色产业的蓬勃发展。在绿色基础设施的支撑下，辽宁高新区积极培育绿色工厂和绿色产业。通过政策激励和技术支持，引导企业实施绿色改造，提升环保标准。目前，园区内已涌现一批国家级绿色工厂，如奥克药辅等，它们在精细化学品、芳烃深加工等领域取得了显著成就。同时，绿色产业的蓬勃发展也促进了园区产业结构的优化升级，为经济发展注入了新的活力。

（3）主导产业的绿色转型与国际化发展。辽宁高新区在产业转型过程中，紧抓环氧乙烷衍生精细化学品和芳烃深加工两大主导产业，推动其向绿色化、高端化方向发展。通过技术创新和产业升级，辽宁高新区已成为国内乃至世界范围内具有重要影响力的生产研发基地。此外，园区还积极开拓国际市场，加强与国际先进企业的交流与合作，推动产业国际化发展。

7.1.1.5 辽宁高新区产业转型措施

（1）政策引导与支持的强化。辽宁高新区通过制定和实施一系列针对性强、操作性好的政策措施，为高新技术产业的发展提供了有力保障。这些政策涵盖了资金扶持、税收优惠、人才引进等方面，有效降低了企业的创新成本和风险，激发了企业的创新活力。

（2）创新生态的优化与升级。为了提升创新能力，辽宁高新区不断优化创新生态，集聚创新资源。通过建设创新创业孵化平台、产学研合作平台等，促进科技成果的转化和产业化。同时，高新区还积极引进和培育创新型企业、研发机构等创新主体，形成了多元化、开放式的创新体系。

（3）传统产业转型升级的推进。针对传统产业竞争力下降的问题，辽宁高新区通过技术改造和创新等手段推动其转型升级。通过引入先进技术和管理模式，提升传统产业的技术水平和生产效率；通过培育新产品、新业态等方式拓展市场空间；通过加强品牌建设和市场营销提高产品附加值和市场竞争力。

7.1.1.6 辽宁高新区转型成效

（1）高新技术产业快速发展。在转型措施的推动下，辽宁高新区的高新技术产业实现了快速发展。一批具有自主知识产权和核心竞争力的企业迅速崛起，成为园区经济增长的重要引擎。高新技术产业的快速发展不仅带动了园区整体经济实力的提升，也为全省乃至全国的经济转型升级提供了有力支撑。

（2）传统产业转型升级成效显著。通过技术改造和创新等手段的推动，辽宁高新区的传统产业实现了转型升级。传统产业的技术水平和生产效率显著提升，市场竞争力不断增强。同时，传统产业还积极向绿色化、智能化方向转型发展，为园区可持续发展奠定了坚实基础。

（3）经济总量与效益持续增长。在产业转型的推动下，辽宁高新区的经济总量和效益实现了持续增长。园区的产业结构不断优化升级，新兴产业和传统产业协同发展格局初步形成。同时，园区的创新能力和绿色发展水平不断提升，为全省乃至全国的经济发展贡献了重要力量。

7.1.2 沈阳经开区

沈阳经济技术开发区始建于1988年，1993年进入国家级开发区行列，坐落于沈阳市西南部，规划总面积达到448平方公里，常住人口约160万人。该区域以先进装备制造、汽车及零部件、工业旅游、生物医药和新一代信息技术为主导产业，其中，中德（沈阳）高端装备制造产业园作为特色园区，致力于汽车及零部件制造、智能制造、高端装备、工业服务和战略性新兴产业的发展。

7.1.2.1 沈阳经开区发展概况

（1）交通条件。在公路交通方面，沈阳经济技术开发区位于交通要道，与周边地区及城市之间的公路网络发达，方便货物和人员的快速流动；在铁路交通方面，该地区紧邻多条铁路干线，为区域内的企业提供了便捷的铁路运输服务，降低了物流成本；在航空交通方面，经开区距离沈阳桃仙国际机场较近，为其内部的企业提供了国际化的航空运输服务，有助于企业拓展国内外市场；在水路运输方面，虽然沈阳经济技术开发区不直接毗邻大型河流或海港，但依托辽宁省内的水系网络和内陆港口，开发区依然可以实现高效的水路运输。

（2）自然环境。沈阳经济技术开发区位于沈阳市的西南部，属于温带半湿润大陆性气候，四季分明，春季干燥多风，夏季炎热多雨，秋季凉爽宜人，冬季寒冷干燥。区域内水系较为发达，有辽河、浑河、蒲河等河流流经，为开发区提供了良好的水资源，且水质状况良好，有利于农业灌溉和工业用水。此外，开发区注重生态环境保护，近年来，加大了对黑臭水体的治理力度，取得了显著成效。

（3）自然资源。沈阳经济技术开发区规划面积较大，土地资源丰富，土地利用类型多样，包括工业用地、居住用地、商业用地等，为各类产业项目提供了良好的发展空间。同时，区域内水资源丰富，不仅有河流流经，还有地下水等水资源。

（4）社会经济。沈阳经济技术开发区经过多年的发展，已成为辽宁省和沈阳市的重要经济增长极，该区的经济总量持续增长，2022年规模以上工业总产值完成2 010亿元；一般公共预算收入完成73.3亿元；固定资产投资完成330亿元，增长8%。同时，沈阳经济技术开发区积极推动产业结构升级，加大对高新技术产业、绿色产业、现代服务业等战略性新兴产业的支持力度。开发区内已聚集了一批高新技术企业，包括半导体、新能源等战略性新兴产业的企业，如汉京半导体产业基地、宝马全新动力电池等项目的建设，为经济发展注入了新的活力。此外，沈阳经济技术开发区通过各类招商引资活动，成功引进了一批知名企业和优质项目，为区域经济发展提供了坚实支撑。2022年，新签约亿元以上项目198个，投资总额1 024.2亿元，投资额全市排名第一；实际使用外资43 723万美元，同比增长157%。

7.1.2.2 沈阳经开区发展历程

初创阶段（1988年6月至1993年4月）。沈阳经济技术开发区初期规划面积为35平方公里，主要以基础设施建设为主，为后续的经济发展打下了坚实基础。

确立阶段（1993年4月至2002年6月）。1993年4月，沈阳经济技术开发区经国务院批准，正式成为国家级经济技术开发区。这一阶段，开发区开始大力引进国内外先进技术和管理经验，不断提升自身综合实力和竞争力。到2002年，开发区已经吸引了众多国内外企业入驻，初步形成了较为完善的产业链。

成立与扩张阶段（2002年6月至2007年）。2002年6月18日，沈阳经济技术开发区与老工业基地铁西区合署办公，成立铁西新区，总规划面积达到125平方公里，其中开发区规划面积86平方公里。同时，作为沈阳经济技术开发区的重要组成部分，中德（沈阳）高端装备制造产业园开始规划和建设，旨在吸引和发展高端装备制造产业。

高速发展与转型升级阶段（2007年至今）。2007年，原沈阳细河经济区并入沈阳经济技术开发区，成为辽宁省和沈阳市的发展重点——沈西工业走廊的起点。自此，沈阳经济技术开发区进入经济高速发展阶段，通过实施创新驱动发展战略，加大了科技研发投入，成功推动产业转型升级。

7.1.2.3 沈阳经开区产业演化过程

沈阳经济技术开发区从传统制造业向高端装备制造业的转型经历了是一个漫长而显著的发展过程。

（1）初期阶段：传统制造业的集聚（1988年6月至1993年4月）。沈阳经济技术开发区初期以基础设施建设为主，吸引了部分传统制造业企业入驻，初步形成了产业集聚。此时经开区的产业以轻工、纺织、食品等传统劳动密集型产业为主。这些产业在开发区内初步形成了一定的产业集聚效应。

（2）国家级经济技术开发区确立阶段：产业升级的契机（1993年4月至2002年6月）。1993年4月，沈阳经济技术开发区正式成为国家级经济技术开发区，开发区开始大力推动传统制造业向技术密集型产业转型，为产业升级提供了有力支撑。

（3）铁西新区成立与扩张阶段：高新技术产业的崛起（2002年6月至2007年）。这一阶段高新技术产业开始发展，开发区进一步加大对高新技术产业的扶持力度，吸引了一批高端产业和人才聚集。此外，中德（沈阳）高端装备制造产业园也开始规划和建设，标志着开发区向高端装备制造业转型的正式开启。此阶段，开发区的投资总额、利用外资额、地区生产总值等指标均实现了快速增长。

（4）高速发展与转型升级阶段：高端装备制造业的崛起（2007年至今）。截至目前，中德园区已吸引了众多国际知名企业和高端装备制造项目入驻，成为国内外高端装备制造产业的重要聚集地。开发区已聚集了来自43个国家和地区的外商投资企业，共有90家跨国公司在开发区投资建厂，包括32家世界500强企业。经济指标方面，开发区累计实现投资总额1 840亿元，协议利用外资额137亿美元，实际利用外资额31.9亿美元；累计实现地区生产总值1 402.5亿元，工业总产值3 863.8亿元，税收收入139.9亿元，出口创汇38.6亿美元。开发区还荣获2018年国家级经济技术开发区综合发展水平考核评价排名第26的荣誉，进一步证明了其在高端装备制造业领域的实力和影响力。

7.1.2.4 沈阳经开区产业转型案例

沈阳经济技术开发区在产业上取得了显著的发展，形成了多个具有竞争力的产业集群。

（1）装备制造业。沈阳经济技术开发区以装备制造业为主导，经过多年发展，已形成以沈重、沈鼓等近200家企业为代表的装备制造业产业集群。这些企业涵盖了从基础零部件到整机制造的全产业链。装备制造业在开发区内形成了强大的产业集聚效应，成为地区经济的重要支柱。开发区内的装备制造业企业积极引进国内外先进技术，提升产品质量和技术水平，打造了一批知名品牌和优质产品。

（2）汽车及零部件产业。汽车及零部件产业是开发区的另一重要产业集群，以沈飞日野、华晨E2发动机等150多家企业为代表。这些企业涵盖了汽车整车制造、发动机、零部件生产等领域。开发区内的汽车及零部件企业积极扩大生产规模，提升产品质量和技术水平，形成了较为完善的产业链。同时，开发区还积极引进国内外知名汽车及零部件企业，推动汽车产业向高端化、智能化方向发展。

（3）医药化工产业。医药化工产业是开发区的特色产业之一，以东药巴斯夫、石蜡化工等60多家企业为代表。这些企业涵盖了药品生产、化学原料制造、精细化工等领域。开发区内的医药化工企业积极引进国内外先进技术和管理经验，提升产品质量和技术水平。同时，开发区还注重环保和可持续发展，推动医药化工产业向绿色、环保、高效方向发展。

（4）食品饮料及包装产业。食品饮料及包装产业也是开发区的重要产业之一，以可口可乐、中富包装等30多家企业为代表。这些企业涵盖了食品饮料生产、包装制造等领域。开发区内的食品饮料及包装企业注重产品创新和品牌建设，推出了一系列具有市场竞争力的产品。同时，开发区还积极引进国内外先进技术和设备，提升企业的生产效率和产品质量。

（5）新能源和新材料产业。随着全球对新能源和新材料产业的重视，沈阳经济技术开发区也积极发展这些新兴产业。开发区积极开展新能源和新材料产业的技术创新和产业化推广，建设了全球领先的第三代太阳能电池、石墨烯等新材料产业园区。开发区内的新能源和新材料企业已经取得了一系列重要成果，包括研发出具有国际领先水平的新能源技术和新材料产品，推动地区新能源和新材料产业的快速发展。

7.1.2.5 沈阳经开区产业转型措施

（1）数字化制造技术的全面应用。沈阳经济技术开发区在转型过程中，积极引入先进的数字化制造技术，如智能制造、物联网、大数据等，实现了生产过程的数字化、网络化和智能化。这不仅提高了生产效率和质量，还降低了生产成本和能源消耗。同时，数字化技术的应用还促进了企业间的协作和资源共享，形成了产业链的协同创新生态。一方面，沈阳的制造业企业普遍采用了数字化设计、数字化仿真、数字化制造等技术手段，实现了产品的快速设计和精准制造，提高了生产效率和产品质量。另一方面，企业还通过建设智能工厂、智能车间等智能生产单元，实现了生产过程的自动化和智能化管理。同时，数字化制造技术的应用还促进了企业间的协作和资源共享，形成了产业链上的协同创新。

（2）绿色技术的广泛推广。沈阳经济技术开发区在转型过程中，高度重视绿色技术的发展和应用，坚持绿色发展理念。企业通过采用清洁能源、节能技术、环保材料等手段，降低了能耗和污染排放，提高了资源利用效率。同时，沈阳经济技术开发区还加强了对环保产业的扶持和引导，推动了绿色制造和循环经济的发展。具体而言，一些企业采用先进的废气处理技术和废水回收技术，实现了生产过程中的零排放和零污染。同时，企业还积极开发环保型产品和材料，满足市场对绿色产品的需求。绿色制造体系以高效、清洁、低碳、循环为建设目标，以绿色企业培育、工业节能增效、资源综合利用、清洁生产改造、绿色技术推广、新兴产业壮大为重点工程，推动绿色工厂创建、绿色产品设计、绿色供应链打造和传统产业转型升级。目前，沈阳市进入国家绿色制造名单的企业已达36家，进入省绿色制造名单的企业已达128家，数量均居全省首位。华晨宝马汽车有限公司采纳绿色供应链和再生钢闭环生产系统等，逐步降低了单台汽车固体废物产生量及能源消耗量；核心龙头企业实施伙伴式绿色供应商管理，将绿色工厂优先纳入合格供应商管理体系，同等条件下优先采购绿色产品。

（3）科技创新体系的建立健全。为了支持转型升级，沈阳经济技术开发区加强了科技创新体系的建设。通过加大科研投入、建设创新平台、加强知识产权保护等措施，企业不断提升自主创新能力。同时，沈阳经济技术开发区还积极引进国内外先进的科技成果和人才资源，为产业升级提供了有力支持。具体而言，沈阳经济技术开发区鼓励企业与高校、科研机构等开展产学研合作，共同研发新技术、新产品。同时，政府还设立了科技创新基金和奖励制度，激发企业的创新活力。

7.1.2.6 沈阳经开区转型成效

（1）产业结构显著优化。经过转型升级，沈阳经济技术开发区的产业结构得到显著优化。高端装备制造业逐渐成为主导产业，传统制造业得到改造升级。同时，新兴产业如新能源、新材料等也得到快速发展，为开发区注入新的活力。

（2）经济效益大幅提升。转型升级后，沈阳经济技术开发区的经济效益显著提升。高端装备制造业的发展带动了相关产业链的繁荣，促进了就业和税收的增长。同时，绿色技术的应用也降低了企业的生产成本和环境风险，提高了企业的市场竞争力。

（3）可持续发展能力增强。通过引入数字化制造和绿色技术，沈阳经济技术开发区实现可持续发展能力的提升。在资源利用、环境保护、经济增长等方面取得了显著成效，为开发区的长期发展奠定了坚实基础。

7.2 发展战略性新兴产业的典型案例

在当今全球经济版图中，战略性新兴产业作为引领未来经济发展的重要引擎，正以前所未有的速度重塑着产业格局与区域竞争力。中国作为世界第二大经济体，正积极布局并加速发展战略性新兴产业，以创新驱动为核心，推动经济转型升级。本节聚焦于两个典型案例——山东开发区与上海特色产业园区，深入剖析它们如何凭借独特的地理优势、政策扶持、创新生态及产业基础，成功培育并壮大战略性新兴产业，为中国乃至全球的经济增长注入新动能。

7.2.1 山东开发区

作为全国经济发展的重要引擎之一，山东开发区凭借其得天独厚的地理优势、完善的交通网络、丰富的自然资源，以及活跃的社会经济环境，逐步形成了各具特色、优势互补的产业集群，为推动区域经济增长，促进产业升级转型，增强国际竞争力作出了显著贡献。

7.2.1.1 山东开发区发展概况

（1）地理区位。山东开发区位于中国东部沿海，地处黄河下游，东临黄海、渤海，与朝鲜半岛、日本列岛隔海相望，地理位置十分优越。山东不仅是中国重要的经济大省，也是连接京津冀、长三角等经济发达地区的桥梁和纽带，具有得天独厚的区位优势。

（2）交通条件。山东开发区交通网络四通八达，拥有完善的海陆空立体交通体系。铁路方面，京沪铁路、胶济铁路等铁路干线贯穿全境；公路方面，高速公路网密集，连接全国各大城市；航空方面，济南遥墙国际机场、青岛流亭国际机场等为开发区提供了便捷的空中通道；此外，山东半岛蓝色经济区建设更是加强了港口建设，如青岛港、烟台港等，成为国际物流的重要节点。

（3）自然环境。山东开发区自然环境优美，气候属于温带季风气候，四季分明，雨量适中，适宜多种农作物生长和工业生产。同时，区内山川秀美，河流纵横，拥有丰富的自然生态资源，为发展生态旅游、绿色产业提供了良好条件。

（4）自然资源。山东开发区自然资源丰富，矿产资源种类多、储量大，如煤炭、石油、天然气、黄金、铁矿等；此外，海洋资源也十分丰富，包括渔业资源、海盐资源以及丰富的海洋生物资源。这些自然资源为开发区的工业发展提供了坚实的物质基础。

（5）社会经济。山东作为中国经济大省，经济实力雄厚，产业结构合理。开发区作为区域经济发展的重要引擎，吸引了大量国内外投资，形成了电子信息、机械制造、化工新材料、生物医药等多元化产业体系。同时，开发区还注重社会事业发展，教育、医疗、文化等公共服务设施不断完善，居民生活水平稳步提高。

7.2.1.2 山东开发区发展历程

初创阶段（20世纪80年代末至90年代初）。山东于该阶段开始探索设立开发区模式，以吸引外资、促进产业升级为目标，初步建立了以青岛经济技术开发区、烟台经济技术开发区为代表的一批开发区。

快速发展阶段（20世纪90年代中期至21世纪初）。随着国家改革开放政策的深入实施和经济全球化的加速推进，山东开发区进入快速发展阶段。这一时期，开发区基础设施建设不断完善，招商引资力度加大，产业规模迅速扩张，成为区域经济增长的重要支撑。

转型升级阶段（21世纪至今）。进入21世纪以来，面对国内外经济环境的变化和产业升级的压力，山东开发区开始探索转型升级之路。通过优化产业结构、提升创新能力、加强生态环境保护等措施，推动开发区向高质量发展迈进。

7.2.1.3 山东开发区产业演化过程

传统产业兴起阶段（20世纪80年代末至90年代中期）。这个阶段，山东开发区刚起步，主要任务是利用当地的自然资源和已有的产业基础，迅速建立起工业体系以推动区域经济发展。当时，纺织业、机械制造业和化工业等传统产业因其成熟的技术和稳定的市场需求，成为开发区重点发展的对象。通过引进外资、技术和设备，传统产业在开发区内迅速扩张，为区域经济的快速增长奠定了坚实基础。

新兴产业培育阶段（20世纪90年代中期至21世纪初）。进入21世纪前后，随着全球科技革命的深入发展，新技术、新产品层出不穷，市场需求也发生了深刻变化。山东开发区敏锐地捕捉到这个趋势，开始将发展重心转向新兴产业的培育。电子信息、生物医药、新材料等高新技术产业因其高附加值、高技术含量和广阔的市场前景，成为开发区重点扶持的对象。通过政策引导、资金投入和人才引进等措施，新兴产业在开发区内迅速崛起，并逐渐成长为新的经济增长点。

产业结构优化升级阶段（21世纪初至今）。进入21世纪以来，面对国内外经济环境的变化和产业升级的压力，山东开发区开始积极推进产业结构的优化升级。一方面，通过技术改造、兼并重组等方式，对传统产业进行深度整合和升级，淘汰落后产能，提升产品附加值和市场竞争力；另一方面，加大对战略性新兴产业的支持力度，推动产业向高端化、智能化、绿色化方向发展。同时，开发区还注重构建完善的产业链和生态系统，促进产业之间的协同发展和资源共享。在这一阶段，山东开发区不仅实现了经济总量的快速增长，在产业结构的优化升级方面也取得了显著成效。

7.2.1.4　山东开发区产业发展案例

（1）青岛西海岸新区。青岛西海岸新区通过实施"海洋+"战略，大力发展海洋经济、高端制造业和现代服务业等新兴产业，实现了从传统工业区向现代海洋新城的华丽转身。

（2）烟台高新区。烟台高新区依托良好的科研基础和人才优势，大力发展生物医药、电子信息等高新技术产业，形成了具有核心竞争力的产业集群。

（3）潍坊滨海经济技术开发区。潍坊滨海经济技术开发区通过引进国内外先进技术和设备，对传统化工产业进行改造升级，同时大力发展新能源、新材料等战略性新兴产业，实现了产业结构的优化升级。

7.2.1.5　山东开发区产业发展措施

（1）加强政策引导和支持。出台一系列政策措施，为产业转型提供政策保障和资金支持；同时，加强政策宣传和解读工作，确保政策落实到位。

（2）优化创新生态。加强创新平台建设，集聚创新资源，推动产学研深度融合发展，加强知识产权保护工作，营造良好的创新创业氛围。

（3）推进传统产业转型升级。通过技术改造、兼并重组等方式淘汰落后产能，引导企业加大研发投入力度，推动传统产业向高端化、智能化、绿色化方向发展。

7.2.1.6　山东开发区发展成效

（1）产业结构更加优化。传统产业得到改造升级的同时，新兴产业快速发展壮大，形成了多元化、高端化的产业体系。

（2）创新能力显著提升。创新平台建设取得显著成效，创新资源加速集聚；企业创新能力明显增强，科技成果转化率不断提高。

（3）生态环境质量持续改善。加强生态环境保护工作取得积极成效，环境质量得到明显改善；绿色发展水平不断提高，可持续发展能力显著增强。

7.2.2　上海特色产业园区

作为中国经济、金融、贸易和航运中心的上海，是全球科技创新的重要策源地。在推动经济高质量发展的道路上，上海特色产业园区以其独特的定位、前沿的技术和高效的运营模式，成为城市经济发展的新引擎。这些园区不仅承载着产业升级的重任，更引领着未来产业的发展方向，为上海乃至全国的经济高质量发展注入了强劲动力。

7.2.2.1 上海特色产业园区发展概况

（1）地理区位。上海特色产业园区位于中国东部沿海的长江入海口，地处长三角经济圈的核心地带，拥有得天独厚的地理优势。作为中国的经济、金融、贸易和航运中心，上海不仅是中国对外开放的窗口，也是全球瞩目的国际化大都市，其特色产业园区因此能够吸引国内外众多高端企业和创新资源。

（2）交通条件。上海特色产业园区的交通条件极为便利，拥有海陆空全方位的交通网络。海运方面，上海港是全球最大的集装箱港口之一，连接全球主要港口；空运方面，浦东国际机场和虹桥国际机场两大机场，为园区企业提供了便捷的国际航空通道；陆运方面，高速公路网四通八达，铁路交通也十分发达，包括京沪高铁、沪杭高铁等高铁线路穿越上海，形成辐射全国的快速交通网络。

（3）自然环境。上海特色产业园区所在区域自然环境优美，城市绿化率高，水系发达，拥有黄浦江、苏州河等自然水系贯穿其中。同时，园区注重生态环境建设，通过打造绿色生态园区，为入驻企业提供良好的工作和生活环境。

（4）自然资源。虽然上海的自然资源相对有限，但特色产业园区充分利用了城市的人才、技术、资金等高端要素资源。此外，园区还积极与周边地区合作，共享自然资源，实现区域协同发展。

（5）社会经济。上海作为中国的经济中心城市，其社会经济发展水平一直处于全国领先地位。特色产业园区作为上海经济发展的重要组成部分，依托上海强大的经济实力和完善的产业体系，形成了集研发、设计、制造、销售于一体的全产业链条，为园区企业提供了广阔的发展空间。

7.2.2.2 上海特色产业园区发展历程

初步探索阶段（20世纪90年代初至21世纪初）。这个阶段，上海开始尝试建立特色产业园区，主要目的是通过产业集聚效应，推动产业升级和经济发展。初期，园区以引进外资和技术为主，重点发展电子信息、生物医药等高新技术产业。

快速发展阶段（21世纪初至2010年前后）。随着全球化和信息化的加速推进，上海特色产业园区进入了快速发展阶段。园区规模不断扩大，入驻企业数量显著增加，产业门类也更加丰富。同时，园区开始注重提升自主创新能力，加强产学研合作，推动科技成果转化。

转型升级阶段（2010年至今）。面对国内外经济环境的变化和产业升级的需求，上海特色产业园区开始进入转型升级阶段。园区注重优化产业结构，提升产业附加值和竞争力；同时，加强与国际接轨，引进国际先进技术和管理经验；此外，还注重生态环境保护和社会责任担当，推动园区可持续发展。

7.2.2.3 上海特色产业园区产业演化过程

传统产业转型升级阶段（20世纪90年代初至21世纪初）。这个阶段，园区内的传统产业如纺织、机械等开始通过技术改造和产业升级，提升产品附加值和市场竞争力。同时，园区开始引进和培育新兴产业，为产业结构优化升级奠定基础。

新兴产业快速发展阶段（21世纪初至2010年前后）。随着科技进步和市场需求的变化，园区内的新兴产业如电子信息、生物医药等开始快速发展壮大。这些产业以其高附加值、高技术含量和广阔的市场前景成为园区新的经济增长点。

产业融合与创新发展阶段（2010年至今）。近年来，上海特色产业园区开始注重产业融合与创新发展。通过跨界融合和协同创新等方式，推动传统产业与新兴产业的深度融合。同时，加强与国际先进水平的对标学习，提升园区整体创新能力和国际竞争力。

7.2.2.4 上海特色产业园区产业发展案例

（1）张江高科技园区生物医药产业。张江高科技园区作为上海生物医药产业的集聚地之一，近年来通过引进国际先进技术和管理经验，推动生物医药产业向高端化、国际化方向发展。同时，园区还注重加强产学研合作和科技成果转化工作，形成一批具有自主知识产权的创新型企业和产品。

（2）漕河泾新兴技术开发区智能制造产业。漕河泾新兴技术开发区在智能制造领域进行积极探索和实践。通过引进智能制造装备和生产线等方式，推动传统制造业向智能制造转型升级。同时，园区还注重加强人才培养和引进工作，为智能制造产业发展提供有力的人才支撑。

（3）金桥经济技术开发区新能源汽车产业。金桥经济技术开发区紧跟全球新能源汽车发展趋势，积极布局新能源汽车产业。通过引进国内外知名新能源汽车企业和研发机构等方式，推动新能源汽车产业快速发展壮大。同时，园区还注重加强产业链上下游企业的协同合作和资源共享工作，形成较为完善的新能源汽车产业生态体系。

7.2.2.5　上海特色产业园区产业发展措施

（1）加强规划引领。制定科学合理的产业发展规划，明确产业定位和发展方向，引导资源要素向优势产业和特色领域集聚。

（2）优化营商环境。深化"放管服"改革，简化审批流程，提高政务服务效率；加强知识产权保护，维护市场公平竞争秩序。

（3）强化创新支撑。加大研发投入，支持企业技术创新和成果转化；推动产学研用深度融合，构建开放协同的创新网络。

7.2.2.6　上海特色产业园区发展成效

（1）经济增长显著。特色产业园区成为上海经济增长的重要引擎，对全市经济贡献度不断提升。

（2）产业结构优化。通过发展新兴产业和改造升级传统产业，园区内产业结构更加合理，高端制造业和现代服务业占比显著提升。

（3）创新能力增强。园区内企业创新能力不断增强，形成了一批具有自主知识产权的核心技术和产品；创新生态体系逐步完善，为产业持续升级提供有力支撑。

7.3　培育未来产业的典型案例

在探索全球经济新增长点与未来科技蓝图的征途中，未来产业的培育已成为各国及地区竞相布局的关键领域。作为创新驱动发展战略的前沿阵地，中国正以非凡的勇气和前瞻的视野，积极打造一批能够引领未来经济发展的产业高地。北京经济技术开发区（以下简称"北京经开区"）与深圳高新技术产业园区（以下简称"深圳高新区"），作为这个领域的杰出代表，不仅承载着推动中国产业转型升级的重任，更在全球科技竞赛中展现独特魅力和无限潜力。本节深入剖析这两个典型案例，揭示它们如何凭借独特的创新生态、政策支持、人才优势及国际视野，成功培育一批具有全球竞争力的未来产业，为中国乃至世界的经济发展注入新的活力与希望。

7.3.1 北京经开区

北京经开区作为首都科技创新的重要承载地，凭借其独特的地理优势、完善的交通网络、优越的自然环境，以及丰富的社会资源，正逐步成为培育未来产业的沃土。

7.3.1.1 北京经开区发展概况

（1）地理区位。北京经开区位于北京市东南部，紧邻城市副中心，是京津冀协同发展的重要节点。其优越的地理位置不仅便于与中心城区及周边区域的联系，也为吸引国内外高端创新资源提供了有利条件。

（2）交通条件。北京经开区交通四通八达，拥有完善的公路、铁路和航空交通网络。多条高速公路和城市轨道交通贯穿其中，与北京首都国际机场、大兴国际机场等航空枢纽紧密相连，为企业提供了高效便捷的物流运输和商务出行条件。

（3）自然环境。区域内自然环境优美，绿化覆盖率高，生态环境良好。经开区注重绿色发展理念，致力于构建生态友好型产业园区，为入驻企业提供了宜居宜业的工作环境。

（4）自然资源。虽然北京经开区本身不拥有丰富的自然资源，但凭借其强大的经济吸引力和创新能力，能够吸引并高效利用国内外各类创新资源，为产业发展提供有力支撑。

（5）社会经济。作为首都经济发展的重要引擎之一，北京经开区拥有雄厚的经济实力和完善的产业体系。区内企业众多，涵盖电子信息、生物医药、新能源汽车等高科技领域，形成产业集群效应和规模优势。

7.3.1.2 北京经开区发展历程

初创期（20世纪90年代初至21世纪初）。这个时期，北京经开区刚刚起步，主要任务是吸引外资和技术，建立初步的产业基础。通过政策优惠和基础设施建设等措施，吸引一批外资企业入驻，初步形成电子信息、机械制造等产业雏形。

成长期（21世纪初至2010年前后）。随着全球化和信息化的加速推进，北京经开区进入快速成长阶段。产业规模不断扩大，企业数量显著增加，产业结构逐渐优化。同时，北京经开区开始注重提升自主创新能力，加强产学研合作，推动科技成果转化。

转型升级期（2010年至今）。面对国内外经济环境的变化和产业升级的需求，北京经开区开始进入转型升级的关键时期。通过优化产业结构、提升产业附加值和竞争力、加强与国际接轨等措施，推动产业向高端化、智能化、绿色化方向发展。同时，积极培育未来产业，为区域经济持续发展注入新动力。

7.3.1.3　北京经开区产业演化过程

传统产业转型升级阶段（20世纪90年代初至21世纪初）。传统产业如机械制造、纺织等通过技术改造和产业升级，提升产品附加值和市场竞争力。同时，开始引进和培育电子信息等高新技术产业，为产业结构优化升级奠定基础。

高新技术产业快速发展阶段（21世纪初至2010年前后）。电子信息、生物医药等高新技术产业快速发展壮大，成为经开区新的经济增长点。企业创新能力不断提升，科技成果转化速度加快，形成了一批具有自主知识产权的创新型企业和产品。

未来产业培育与壮大阶段（2010年至今）。近年来，北京经开区开始积极布局未来产业领域，如人工智能、生物科技、新能源等。通过建设创新平台、引进高端人才、加强国际合作等措施，推动未来产业快速发展壮大。同时，注重产业融合与创新发展，促进传统产业与新兴产业的深度融合和协同发展。

7.3.1.4　北京经开区产业发展案例

（1）新能源汽车。北京经开区通过引进国内外知名新能源汽车企业和研发机构，推动新能源汽车产业快速发展。同时，加强产业链上下游企业的协同合作和资源共享工作，形成较为完善的新能源汽车产业生态体系。

（2）生物医药。在生物医药领域，经开区依托丰富的科研资源和人才优势，加强产学研合作和科技成果转化工作。通过建设生物医药创新平台和孵化器等方式，培育出一批具有核心竞争力的生物医药企业和产品。

（3）人工智能。在人工智能领域，北京经开区积极推动人工智能技术在各领域的应用和落地。通过建设智能工厂、智慧城市等示范项目，展示人工智能技术的巨大潜力和应用前景。同时，加强与国际先进水平的对标学习和合作交流工作，提升经开区人工智能产业的国际竞争力。

7.3.1.5 北京经开区产业发展措施

（1）加强政策引导和支持。出台一系列政策措施鼓励和支持产业转型升级工作；加大财政投入力度支持重点产业和关键领域的发展；优化营商环境，降低企业运营成本等。

（2）构建创新生态体系。加强创新平台建设和人才引进工作；推动产学研深度融合发展；加强知识产权保护工作，营造良好的创新创业氛围等。

（3）推动产业链协同发展。加强产业链上下游企业的协同合作和资源共享工作；推动产业链向高端化、智能化、绿色化方向发展；加强与国际先进水平的对标学习和合作交流工作等。

7.3.1.6 北京经开区产业发展成效

（1）产业结构更加优化。通过转型升级使传统产业得到改造升级，新兴产业快速发展壮大，形成多元化、高端化的产业体系。

（2）创新能力显著提升。创新平台建设取得显著成效，创新资源加速集聚；企业创新能力明显增强，科技成果转化率不断提高。

（3）经济效益稳步增长。随着产业结构优化升级和创新能力的提升，经开区经济效益稳步增长，成为首都经济发展的重要支撑。

7.3.2 深圳高新区

深圳高新区，被誉为"中国硅谷"，是全球科技创新的重要节点。该区域以创新驱动为核心战略，聚焦未来产业发展方向，如5G通信、物联网、区块链等前沿领域，培育了一大批具有全球影响力的创新型企业和独角兽企业。深圳高新区注重构建完善的创新服务体系和人才发展环境，为创新创业提供了肥沃的土壤和广阔的舞台。

7.3.2.1 深圳高新区发展概况

（1）地理区位。深圳高新区位于广东省深圳经济特区西部，主要位于南山区深圳湾畔。行政区域东起车公庙与福田区相邻，西至南头安乐村、赤尾村与宝安区毗连，北背羊台山与宝安区接壤，南临蛇口港、大铲岛和内伶仃岛与香港元朗相望。最初设立时，深圳高新区的规划面积为11.52平方公里。2019年4月扩大管理范围后，总规划面积扩大到159.48平方公里，包括南山、坪山、宝安、龙岗、龙华五个园区，形成"一区两核五园"的发展布局。

（2）交通条件。深圳高新区域内交通网络发达，包括"两纵一横"主干路网和深汕高速等，为企业提供便捷的交通条件。同时，地铁14号线的接入进一步提升区域交通的便捷性，加强与市中心的联系。

（3）自然环境与资源。深圳高新区地处珠江口东岸，依山傍海，地势北高南低，为科技创新和产业发展提供了良好的生态基础，亚热带季风气候也为该区域提供了适宜的气候条件。高新区重视绿化和生态建设，实施了"城市绿化五年百万树木"行动计划，提升了绿化覆盖率，改善了水环境和空气质量，为居民和企业员工提供了优质的生活环境。

（4）社会经济。深圳高新区是深圳市科技创新和经济发展的重要引擎。区内经济总量持续增长，形成了以高新技术产业为主导的产业集群，包括电子信息、生物医药、新材料、新能源等。区内企业研发投入占全社会研发投入的94.9%，位居全国前列，推动了科技创新的快速发展。高新区还建立了完善的创新服务体系，包括科技孵化、技术转移、成果转化等服务平台，为企业提供全方位的创新支持。

7.3.2.2 深圳高新区发展历程

初期建设阶段（1985—1996年）。1985年7月，深圳高新区的前身——深圳科技工业园启动建设，成为深圳高新区发展的起点；1991年3月，深圳科技工业园获批成为首批国家级高新技术产业园区，正式获得了国家级别的认可和支持；1996年9月，深圳高新区正式获批成立，规划面积达到11.52平方公里，为高新技术产业的发展提供了更广阔的空间。

快速发展阶段（1999—2014年）。1999年9月，深圳高新区启动建设深圳虚拟大学园，为科技创新和人才培养提供了重要平台；2000—2009年，深圳高新区先后成立留学生创业园、创新总裁俱乐部，并被认定为"国家火炬计划软件产业基地""国家集成电路设计深圳产业化基地"等，进一步提升了其科技创新和产业集聚能力；2009年7月，深圳高新区（电子信息产业·深圳）被评选为全国首批"国家新型工业化产业示范基地"，标志着在电子信息产业领域的领先地位；2012—2014年，深圳高新区在软件和信息服务、生物医药与健康等领域也取得显著进展，并获批成为多个国家级和省级产业基地，进一步巩固其作为高新技术产业发展高地的地位。

扩区与提升阶段（2019年至今）。2019年4月，深圳高新区实施扩区计划，形成了"一区两核五园"的发展布局，总规划面积扩大到159.48平方公里，约为扩区前规划面积的14倍，这个举措为高新区的进一步发展提供了更大的空间和潜力。2020年9月，深圳高新区获批实施"百城百园"行动，旨在通过加强与其他城市和园区的合作与交流，推动科技创新和产业升级；2021年12月，首届西丽湖论坛在深圳高新区成功举办，进一步提升了其在国内外科技创新领域的影响力；根据深圳国家高新区"十四五"发展规划，到2025年，深圳初步建成具有卓越竞争力的世界领先科技园区，加快形成自主创新动力更加强劲，产业集群培育成效更加凸显，创新创业活力持续迸发，绿色发展典范效应更加彰显，开放协同引领力持续提升的发展格局。

7.3.2.3 深圳高新区产业演化过程

深圳高新区的产业演化过程可以概括为四个阶段。

奠基与起步期（1980—1985年）。深圳经济特区作为改革开放的先行示范区，在1980年正式成立，标志着经济技术开发区的诞生。这个时期的特点是大量投入和大规模建设，为深圳以后的发展奠定了基础，此时农业在国民经济中的比重迅速下降，而工业和商贸服务业开始迅速发展，特别是建筑业和电子工业。

快速成长期（1985—1990年）。这个时期，深圳高新区的产业结构发生了显著变化，高新技术产业和现代服务业开始崭露头角。电子信息、生物医药等行业开始发展，为未来的主导产业奠定了基础。同时，深圳特区作为改革开放的试验场和对外开放的窗口，进行了多项经济体制改革，如基建体制改革、价格改革等，初步形成了以市场调节为主、计划调节为辅的管理体制和运行机制。

产业升级与多元化发展期（1990—2010年）。进入21世纪，深圳高新区继续推动产业升级和多元化发展。高新技术产业得到进一步加强，形成了电子信息、生物医药、新能源等为主导的产业集群。同时，文化创意产业、电子商务、旅游业等新兴服务业也快速发展，为深圳的经济发展注入了新的活力。这个时期，深圳还加大了对科技创新的投入和支持，鼓励企业进行研发和创新，推动产业向"绿色化、可持续化"的新型环保方向发展。

创新驱动与高质量发展期（2010年至今）。随着科技的不断进步和创新驱动发展战略的深入实施，深圳高新区进入了高质量发展阶段。科技创新成为推动经济发展的核心动力，深圳在人工智能、生物技术、新能源等领域取得重要突破。同时，深圳还加强与国际先进水平的对标和竞争，推动产业向高端化、智能化、绿色化方向发展。截至目前，深圳已经形成了"四大支柱产业，七大战略性新兴产业，五大未来产业"的产业格局，为未来的可持续发展奠定了坚实基础。

7.3.2.4　深圳高新区未来技术研发与产业化过程

深圳高新区在整合资源以支持无人机和量子计算等未来技术的研发及产业化方面，采取了多种措施，涵盖了政策支持、资金投入和国际合作等方面。

（1）政策支持。深圳高新区根据国家算力布局和产业发展趋势，对无人机和量子计算等未来技术进行了中长期战略规划，明确了发展目标、重点任务和保障措施。针对无人机和量子计算等未来技术，"深圳高新区"出台了多项专项政策，如《深圳市支持低空经济高质量发展的若干措施》和战略性新兴产业扶持计划项目等，为相关技术的研发和产业化提供了政策支持。同时，为鼓励企业投入研发，深圳高新区还提供了税收减免、资金扶持等优惠措施，全面撬动银行、保险、证券、创投等资本市场各种要素资源投向科技创新，降低企业的研发成本，提高研发效率。

（2）资金投入。深圳高新区通过设立专项资金、引导基金等方式，为无人机和量子计算等未来技术的研发及产业化提供财政支持。例如，深圳市工信局发布的2024年战略性新兴产业扶持计划项目中，包括了无人机和量子计算等领域的资助项目。

（3）国际合作。深圳高新区积极参与国际交流与合作，与国际知名科研机构、企业等建立广泛的合作关系，共同推动无人机和量子计算等未来技术的研发及产业化。同时，深圳高新区积极引进国际先进技术和管理经验，加快相关技术的消化吸收和再创新。例如，深圳企业量旋科技成功向海外科研机构交付了自主研发生产的超导量子芯片，标志着中国量子计算技术向全球传递创新能量。

7.3.2.5　深圳高新区未来技术研发与产业化成效

深圳高新区在整合资源以支持无人机和量子计算等未来技术的研发及产业化方面取得了显著的成效。

（1）政策支持。通过明确的战略规划，深圳高新区成功吸引了众多企业和机构投入无人机和量子计算等未来技术的研发及产业化中，形成了良好的产业生态。针对无人机和量子计算等未来技术制定的专项政策，为相关企业和机构提供了强有力的支持。这些政策不仅降低了企业的研发成本，还提高了研发效率，加速了技术创新的步伐。

（2）资金投入。深圳高新区通过设立专项资金、引导基金等方式，为无人机和量子计算等未来技术的研发及产业化提供了充足的资金保障。这些资金有效促进了相关技术的研发进度和产业化进程。同时，深圳高新区积极搭建投融资平台，推动了金融机构与科技企业之间的对接。这为企业提供了多元化的融资渠道，降低了企业的融资难度和成本，促进了企业的快速发展。

（3）国际合作。深圳高新区积极参与国际交流与合作，与国际知名科研机构、企业等建立了广泛的合作关系。这些合作不仅促进了技术的引进和消化吸收，还推动了相关技术的创新和发展。通过引进国际先进技术和管理经验，深圳高新区加快了无人机和量子计算等未来技术的消化吸收和再创新，为企业提供了更广阔的发展空间和更强的市场竞争力。

7.4 本章小结

本章通过对上述六大区域的深入剖析，不仅展现了中国产业转型升级的多元路径与丰富实践，更揭示了创新驱动发展战略对于区域经济高质量发展的核心作用。这些成功案例不仅为其他地区提供了可借鉴的经验与启示，更为我们描绘了一幅中国产业向更高层次、更高质量迈进的宏伟蓝图。未来，随着科技的不断进步与创新生态的持续优化，我们有理由相信，中国将在全球产业格局中扮演更加重要和积极的角色，为世界经济发展贡献更多中国智慧与中国方案。

8 推进开发区产业高质量发展的对策建议

▲ 优化要素配置,提升发展效能
▲ 推动创新驱动,促进产业升级
▲ 强化区域协同,夯实合作基础
▲ 本章小结

本章聚焦开发区产业高质量发展的政策路径，围绕优化要素配置、推动创新驱动以及强化区域协同三个核心方面展开讨论。首先，优化要素配置是开发区产业高质量发展的基础，通过人才引进与培养、资本优化配置及资源集约利用，为产业升级奠定坚实基础。其次，产业升级依赖于创新驱动，通过技术改造、战略性新兴产业的培育及科技创新体系的构建，全面提升产业链的附加值和竞争力。最后，区域协同确保政策措施的有效实施，并通过区域合作与国际接轨，推动开发区产业链的延伸与可持续发展。

8.1 优化要素配置，提升发展效能

8.1.1 强化人才引进与培养体系

推动开发区产业高质量发展，必须建立健全人才引进与培养体系。首先要加强国际化引才力度，聚焦跨学科、高端及数字化领域的顶尖人才，特别是在人工智能、大数据、智能制造等领域，确保开发区在全球科技竞争中占据制高点。其次要深化与高校、科研机构的合作，构建跨学科联合培养机制，打造产学研一体化平台，通过设置联合实验室、研究中心等形式，促进人才的精准培养，使其能够满足开发区产业转型升级的实际需求。最后要完善产学研协同机制，打通人才培养、科技创新与产业应用的通道，推动创新成果的加速转化，增强开发区在新兴产业中的竞争力。同时，健全人才服务保障体系，优化住房、医疗、教育等生活环境，提升人才的工作与生活质量，确保高端人才引得进、留得住、用得好，为开发区产业高质量发展提供强有力的人才支撑。

8.1.2 优化资本配置与多元融资机制

推动开发区产业高质量发展，必须在资本配置和融资机制方面进行创新与优化。首先要鼓励金融创新，开发多元化的金融产品，推动科技创新债券、供应链金融、绿色金融等金融工具的应用，进一步满足不同类型企业的多元融资需求。尤其是针对中小企业与初创企业，金融机构应通过灵活的融资手段，提供更具针对性的资金支持，帮助其加速技术研发与市场扩展。其

次要设立多层次的产业基金，政府可通过引导基金与社会资本合作，共同推动高新技术产业和战略性新兴产业的发展，为企业提供长期稳定的资本支持。这些产业基金应重点向具备创新能力和高成长潜力的企业倾斜，促进技术创新和市场开拓。最后要完善区域金融生态系统，推动区域性金融服务中心的建设，打造一站式融资服务平台，提供从融资咨询、风险评估到资金管理的全方位服务，优化企业融资路径，降低融资成本。通过这些机制，开发区企业将获得更加稳定和多样化的资金来源，从而进一步增强企业的资本运作能力，为开发区产业高质量发展奠定坚实的资本基础。

8.1.3 科学规划资源与集约化利用

推动开发区产业高质量发展，必须在资源规划与利用上实行科学合理的策略。首先要制定详尽的土地资源规划，根据产业结构的特点和未来发展需求，合理划分用地类型，推动土地资源的混合开发与立体利用，提高土地使用效率，避免资源浪费。其次要加快基础设施建设，特别是智能化基础设施的升级与完善，以满足不同产业集群对资源和空间的多样化需求，为开发区的企业提供高效的生产环境和支持服务。最后要通过技术改造和绿色升级，推进企业土地集约化利用，推动高能耗、高污染企业进行环保技术改造，引导绿色生产和循环经济的发展。完善土地使用监管机制，强化土地使用效率的考核与评估，确保土地资源得到最大化的利用和可持续发展。这些措施将为开发区产业高质量发展奠定坚实的资源基础。

8.2 推动创新驱动，促进产业升级

8.2.1 促进传统产业升级与新兴产业培育

为了实现开发区产业高质量发展，应加快传统产业升级的步伐，并积极培育战略性新兴产业。首先要推动传统制造业的技术改造，通过引入先进技术和智能制造，优化生产流程，提升生产效率，降低资源消耗。智能制造、自动化设备以及人工智能的广泛应用将有助于推动传统产业从劳动密集型向技术密集型转型，实现从低端制造向高附加值生产的跨越。其次要支持新兴产业的崛起，尤其是重点支持具有战略性的新兴产业，如新能源、新材料、

生物医药等领域的技术研发和应用落地。通过设立专项产业基金和科技创新孵化器，形成从科研开发、技术孵化到产业化应用的全产业链条，推动新兴产业的快速发展，提升其在全球市场中的竞争力。

此外，构建产业链集群也至关重要，开发区应结合区域的资源禀赋和技术优势，推动上下游产业协同发展，形成具有国际竞争力的产业链集群。在新能源领域，可构建从上游的原材料供应、中游的技术研发，到下游的产品制造和销售的一体化产业链模式，确保新兴产业的持续健康发展。通过这些举措，传统产业的技术提升和新兴产业的快速崛起，将共同推动开发区产业结构的优化升级，提升整体经济效益，为开发区产业高质量发展注入强劲动力。

8.2.2 完善科技创新体系与成果转化

为推动开发区产业高质量发展，需要构建完善的科技创新体系并加快成果转化。首先要加强高水平研发中心和创新孵化器的建设，重点布局技术前沿领域，提升企业的自主创新能力。通过在开发区内建立先进的实验室、研究中心和技术平台，吸引企业和科研机构参与合作，集中资源解决关键技术难题。同时，推动产学研合作，促进高校、科研院所与企业的紧密联动，通过项目共建和技术转化，推动创新成果更快地进入市场应用。其次要设立创新基金，支持科技企业的早期研发和孵化，加大对初创企业和中小企业的资金支持力度，推动新兴技术的应用落地。通过创新基金的引导作用，吸引更多社会资本参与，形成多层次的创新投融资体系。最后要优化成果转化的政策环境，建立全链条科技服务体系，提供从研发到市场化的支持服务。针对不同技术领域，设立科技成果转化平台和知识产权保护机制，促进技术交易和成果共享，提升科技创新的市场化水平。这一系列举措将有助于增强开发区的创新能力，推动科技成果更高效地服务于产业发展，助力开发区实现高质量发展。

8.2.3 推进智能制造与数字化转型

为推动开发区产业高质量发展，需要加快智能制造与数字化转型的步伐。首先要大力推进智能制造，广泛应用人工智能、大数据和物联网技术，全面提升制造业的智能化水平。通过引入先进的智能设备，优化生产流程，实现从传统劳动密集型产业向技术密集型产业的转型，提升生产效率和产品质量。其次要积极建设数字经济产业，发展数字化平台经济，搭建智能制造和数字经济融合的产业生态系统。通过推动智能化改造和工业互联网的应用，提升企业的数字化水平，增强其市场应变能力和创新能力。最后要搭建多层次的数字化转型平台，为企业提供数字技术咨询、数字人才培养和数字基础设施支持等全方位服务。通过这些措施，能够加速传统企业的数字化升级，推动新兴数字产业的发展，确保开发区产业高质量发展的稳步推进。

8.3 强化区域协同，夯实合作基础

8.3.1 促进区域协同发展与产业链延伸

为推动开发区产业高质量发展，需要进一步加强区域协同和产业链延伸的能力建设。首先要推动东部地区向中西部的产业转移，缓解东部地区资源和环境压力的同时，促进中西部地区的产业发展。通过政策引导、资金支持和税收优惠，吸引高能耗、高污染的传统产业向中西部绿色工业园区转移，降低企业生产成本，推动区域内的均衡发展。其次要提升中西部地区的承接能力，通过加强基础设施建设，完善交通、能源和通信网络，增强中西部地区在产业链中承接东部产业转移的能力，确保产业转移的顺利进行。同时，加快区域内的资源整合与优化，提升中西部地区的产业集群效应，促进区域间的产业协同合作。最后要鼓励国际合作，积极引入国外先进技术和管理经验，提升开发区企业的国际竞争力。通过与国际企业和科研机构的合作，进一步延伸产业链上下游，推动技术研发、产品制造到市场拓展的全产业链优化，构建更加完善的全球化供应链体系。通过这些措施，不仅能有效推动区域间经济协调发展，还将进一步提升开发区的产业链价值，为实现开发区产业高质量发展提供重要保障。

8.3.2 优化营商环境与社会保障体系

为推动开发区产业高质量发展，必须持续优化营商环境并健全社会保障体系。首先要通过政策支持，简化企业注册与审批流程，提供一站式政务服

务，提升政务透明度和效率，减少企业在进入市场时的行政负担。推动"互联网+政务服务"的实施，完善线上政务平台，确保企业可以快速便捷地办理各类手续。其次要提升开发区的社会保障体系，扩大社保覆盖面，确保所有劳动者，包括灵活用工人员都能够享受全面的社会保障权益。通过优化社会保险、医疗保险等机制，提升保障水平，增强开发区的吸引力。最后要加大对生活配套设施的建设力度，重点完善高质量的教育、医疗、住房等服务，确保高端人才能够享受到优质的生活条件。支持开发区内设立国际学校、高端医疗中心等设施，吸引国际人才长期扎根，提升开发区的宜居环境。

优化企业的社会责任政策，鼓励企业为员工提供更好的福利待遇，如住房补贴、交通津贴、职业培训等，提升员工的工作积极性和幸福感。通过这些措施，开发区将逐步形成一个以企业为核心、政府为保障、社会为依托的全方位支持系统，不仅能够吸引更多优质企业和高端人才入驻，还将提升区域的可持续发展能力，为开发区产业高质量发展提供长效动力。

8.3.3 加强国际合作与产业链全球布局

为推动开发区产业高质量发展，需要不断完善国际合作并加强产业链的全球布局。首先，加强与国际组织的合作，参与全球产业链的规划与建设，提升开发区在全球产业链中的地位和影响力。通过参与国际展会、论坛等活动，展示开发区的优势和特色，吸引国际投资和合作。其次，提升企业的国际合作能力，设立一站式国际合作服务平台，整合政府、企业、行业协会的资源，提供国际市场咨询、合作对接等服务，帮助企业降低国际合作的门槛和风险。最后，推动企业提升国际竞争力，鼓励企业完善内部治理结构，健全风险控制机制，确保法律法规的有效执行。

8.4 本章小结

本章围绕优化要素配置、推动创新驱动以及强化区域协同三个核心方面，给出了开发区产业高质量发展的对策建议。首先，应强化人才引进与培养体系、优化资本配置与多元融资机制、科学规划资源与集约化利用，从而优化要素配置，提升发展效能；其次，应促进传统产业升级与新兴产业培育，完善科技创新体系与成果转化，推进智能制造与数字化转型，从而推动创新驱动，促进产业升级；最后，应促进区域协同发展与产业链延伸，优化营商环境与社会保障体系，加强国际合作与产业链全球布局，从而强化区域协同，夯实合作基础。

参考文献

[1] 卞泽阳，李志远，徐铭遥. 开发区政策、供应链参与和企业融资约束[J]. 经济研究，2021，56（10）：88-104.

[2] 卜文超，盛丹. 区域性开放性政策与企业污染排放：来自中国开发区设立的证据[J]. 财贸研究，2024，35（1）：19-32.

[3] 蔡真，万兆. 区域市场整合与中国企业资本配置效率：基于中国A股上市公司的经验证据[J]. 中国农村经济，2023（11）：140-163.

[4] 陈凯华，冯卓，康瑾，等. 我国未来产业科技发展战略选择[J]. 中国科学院院刊，2023，38（10）：1459-1467.

[5] 陈熠辉，蔡庆丰，王瑶. 开发区建设改善了企业的投资效率吗：基于国家级和省级开发区的对比分析[J]. 会计研究，2023（7）：72-86.

[6] 陈永清，阳镇. 员工人力资本、知识共享与职业生涯成功相关性研究：基于广州增城经济开发区高新企业员工的调查[J]. 管理学刊，2017，30（2）：40-51.

[7] 陈运森，韩慧云，陈德球. 区域一体化战略、社会网络与商业信用：基于京津冀一体化的证据[J]. 管理科学学报，2023，26（3）：69-92.

[8] 程新生，刘振华，许诺. 金融开放对企业资本结构动态调整的影响研究[J]. 管理学报，2024，21（5）：760-768，778.

[9] 丛屹，闫苗苗. 数字经济、人力资本投资与高质量就业[J]. 财经科学，2022（3）：112-122.

[10] 范欣，宋晓雨，金山. 开发区建设、要素空间流动与城市土地利用效率[J]. 学术研究，2023（7）：102-109.

[11] 房静坤，曹春. "创新城区"背景下的传统产业园区转型模式探索[J]. 城市规划学刊，2019（S1）：47-56.

[12] 冯苑，聂长飞，张东. 中国科技企业孵化器与创新创业的耦合协调关系研究[J]. 中国科技论坛，2021（12）：79-90.

[13] 高粼彤，孟霏，田启波. 数字金融对企业技术创新的影响及空间效应[J]. 科研管理，2024，45（6）：72-82.

[14] 高长海，王锋. 地方政府生态保护力度如何影响经济高质量发展？[J]. 中国人口·资源与环境，2024，34（3）：177-191.

[15] 郭洪伟，池宇，马立平，等. 开发区法治建设与产业发展研究[M]. 北京：首都经济贸易大学出版社，2021：8-11.

[16] 韩慧媛，顾晓敏，陈娟娟. 财税激励、数字金融与高新技术企业创新绩效：基于三大城市群的证据[J]. 会计与经济研究，2023，37（5）：146-160.

[17] 何则，杨宇，刘毅，等. 面向转型升级发展的开发区主导产业分布及其空间集聚研究[J]. 地理研究，2020，39（2）：337-353.

[18] 籍明明. 数字金融、知识产权保护与企业技术创新能力[J]. 中国软科学，2024（7）：147-156.

[19] 贾利军，陈恒烜. 构建关键核心技术攻关新型举国体制的机制创新与突破路径[J]. 经济学家，2023（12）：46-55.

[20] 李慧鹏，李荔，殷茵，等. 基于LEAP模型的工业园区碳达峰路径：以南京某国家级开发区为例[J]. 环境科学，2024，45（4）：1898-1906.

[21] 李金昌，史龙梅，徐蔼婷. 高质量发展评价指标体系探讨[J]. 统计研究，2019（1）：5-13.

[22] 李燕. 工业互联网平台发展的制约因素与推进策略[J]. 改革，2019（10）：35-44.

[23] 李政，赵洪亮，孙圣涛. 营商环境优化与企业技术创新质量：基于"专利泡沫化"问题的视角[J]. 学习与探索，2024（4）：63-74.

[24] 李中，张彦. 政治约束与经济理性的平衡：党组织嵌入对非公企业福利保障制度建设的影响研究[J]. 社会学评论，2023，11（1）：107-123.

[25] 梁邦兴，陈浩然，朱竑. 区域协同发展背景下边缘城市的空间治理与融入策略：以广东省中山市为例[J]. 地理科学，2022，42（3）：381-389.

[26] 梁巧玲，何文举，罗炜杰，等. 开发区政策对企业高质量发展的影响研究：来自中国工业企业的证据[J]. 财经理论与实践，2024，45（3）：146-153.

[27] 刘明宇. 产业升级背景下开发区治理模式的创新研究[J]. 当代财经，2009（11）：86-92.

[28] 刘强，李泽锦. 产业结构升级与区域经济协调发展：来自省域与城市群的经验证据[J]. 经济学家，2022（8）：53-64.

[29] 刘强，陆小莉，徐生霞. 城市群视角下产业集聚的空间异质性研究[J]. 数理统计与管理，2020，39（6）：1073-1086.

[30] 刘强，马彦瑞，徐生霞. 数字经济发展是否提高了中国绿色经济效率？[J]. 中国人口·资源与环境，2022，32（3）：72-85.

[31] 刘思明，张世瑾，朱惠东. 国家创新驱动力测度及其经济高质量发展效应研究[J]. 数量经济技术经济研究，2019（4）：5-10.

[32] 刘晓星，汤淳，张颖. 资本异常流动、风险传染网络与金融系统稳定[J]. 经济研究，2024，59（3）：93-111.

[33] 陆小莉，刘强，姜玉英. 新格局背景下产业转型升级的经济增长效应研究：以京津冀区域为例[J/OL]. 数理统计与管理：1-14，[2024-05-31].

[34] 陆小莉，刘强，徐生霞. 中国产业转型升级的空间分异与影响机制研究[J]. 经济问题探索，2021（2）：135-144.

[35] 孟维福，刘婧涵. 绿色金融促进经济高质量发展的效应与异质性分析：基于技术创新与产业结构升级视角[J]. 经济纵横，2023（7）：100-110.

[36] 孟莹，刘强，徐生霞. 中国城乡融合发展水平的时空演进特征与影响机制[J]. 经济体制改革，2024（1）：5-14.

[37] 彭肖肖，彭刚，沈亚楠. 高质量发展视角下产业结构高级化测算研究[J]. 统计与信息论坛，2024，39（5）：16-30.

[38] 瞿连贵，邵建东. 新时代职业教育赋能共同富裕的现实困境与推进策略[J]. 高校教育管理，2022，16（5）：33-39，51.

[39] 任保平. 新时代中国经济从高速增长转向高质量发展：理论阐释与实践取向[J]. 学术月刊，2018（5）：67-74.

[40] 任继球，盛朝迅，魏丽，等. 战略性新兴产业集群化发展：进展、问题与推进策略[J]. 天津社会科学，2024（2）：89-98，175.

[41] 沈鸿，向训勇，顾乃华. 省级开发区升级与制造业全球价值链嵌入位置[J]. 财贸研究，2024，35（6）：29-44.

[42] 史丹，叶云岭，于海潮. 双循环视角下技术转移对产业升级的影响研究[J]. 数量经济技术经济研究，2023，40（6）：5-26.

[43] 宋恒，王树昊，李川川. 省以下财政体制改革如何影响企业全要素生产率：来自"财政省直管县"改革的准自然实验[J]. 中国软科学，2024（1）：175-185.

[44] 孙晋云，白俊红，王钺. 数字经济如何重塑我国区域创新格局？：基于研发要素流动的视角[J]. 统计研究，2023，40（8）：59-70.

[45] 孙彦玲，孙锐. 新时代人才强国战略背景下人才分类问题研究[J]. 科学学研究，2023，

41（7）：1186-1196，1210.

[46] 谭思，陈卫平.数字技术驱动乡村产业高质量发展的理论机理、现实基础与路径选择[J].农村经济，2024（4）：26-33.

[47] 谭用，邱斌，叶迪，等.中国创新模式选择：自主创新抑或技术引进？[J].经济研究，2024，59（4）：113-132.

[48] 王国松，李欣宇，杨彤.财政收支结构调整与企业数字化转型："春风化雨"还是"适得其反"?[J].经济与管理研究，2023，44（11）：3-24.

[49] 王宏起，李雨晴，李晓莉，等.数字创新能力对战略性新兴产业突破性创新的影响研究：环境动态性的调节作用[J].管理评论，2024，36（5）：89-100.

[50] 王吉力，杨明.从疏解整治到优化提升：2009至2020年北京非首都功能疏解政策回顾[J].城市发展研究，2020，27（12）：29-37.

[51] 王瑞峰.乡村产业高质量发展的演变特征、关键问题与突破方向[J].经济学家，2024（2）：120-128.

[52] 王小林，谢妮芸.未来产业：内涵特征、组织变革与生态建构[J].社会科学辑刊，2023（6）：173-182.

[53] 王宇.以新促质：战略性新兴产业与未来产业的有效培育[J].人民论坛，2024（2）：32-35.

[54] 魏艳华，马立平，王丙参.中国八大综合经济区经济高质量发展测度研究：基于高维标度评价法[J].数理统计与管理，2023，42（5）：883-904.

[55] 吴楚豪，唐婧.数字技术竞争、基础设施与企业出口国内附加值率[J].世界经济研究，2024（3）：47-63，136.

[56] 吴敏，刘冲，黄玖立.开发区政策的技术创新效应：来自专利数据的证据[J].经济学（季刊），2021，21（5）：1817-1838.

[57] 肖建华，谢璐华."社保入税"是否增强了企业所得税的税负粘性：基于用工成本视角的检验[J].当代财经，2022（9）：28-39.

[58] 徐生霞，刘强，陆小莉.中国区域发展不平衡时空演进特征及影响效应分析：基于产业结构转型升级的视角[J].财贸研究，2021，32（10）：14-26.

[59] 徐生霞，刘强.跨区域城市群经济协调发展研究：基于产业转型升级与政策干预的视角[J].数理统计与管理，2022，41（3）：427-443.

[60] 晏国菀，刘强，陈红冰.开发区与企业创新：基于中国开发区审核公告目录的数据[J].外国经济与管理，2020，42（9）：32-46.

[61] 杨家辉，刘强，徐生霞. 创新型城市的设立是否提升了绿色生态效率？[J]. 经济体制改革，2023（4）：184-192.

[62] 杨玲，田志龙，李连翔，等. 促进大中小企业融通创新的政府赋能机制：基于宜昌市依托龙头企业的公共技术服务中心的案例研究[J]. 中国软科学，2023（4）：86-97.

[63] 杨耀武，张平. 中国经济高质量发展的逻辑、测度与治理[J]. 经济研究，2021，56（1）：26-42.

[64] 杨烨，谢建国. 开发区设立对企业出口产品质量的影响：基于高技能人才质量匹配视角的研究[J]. 经济评论，2021（2）：83-102.

[65] 张天华，邓宇铭. 开发区、资源配置与宏观经济效率：基于中国工业企业的实证研究[J]. 经济学（季刊），2020，19（4）：1237-1266.

[66] 张潇，李冬花，张晓瑶，等. 国家级经济技术开发区建设对城市形态的影响：以长江三角洲地区为例[J]. 自然资源学报，2024，39（3）：668-681.

[67] 周茂，陆毅，杜艳，等. 开发区设立与地区制造业升级[J]. 中国工业经济，2018（3）：62-79.

[68] 訾谦. 以创新引领文化产业高质量发展[N]. 光明日报，2024-05-25（003）.

[69] ANA L A，EDA A，DAVID E B，et al. The future of work：Meeting the global challenges of demographic change and automation[J]International Labour Review，2020，159（3）：285-306.

[70] FAN J，LIU H，NING Y，et al. High dimensional semiparametric latent graphical model for mixed data[J]. Journal of the Royal Statistical Society. Series B：Statistical Methodology，2017，79（2），405-421.

[71] GOLDFARE A，TUCKER C. Digital economics[J]. Journal of Economic Literature，2019，57（1）：3-43.

[72] JEREMY A，ROBERT A M，PAUL W R. "Automation" of manufacturing in the late nineteenth century：The hand and machine labor study[J]The Journal of Economic Perspectives，2019，33（2）：51-70.

[73] Mei L，Chen Z. The convergence analysis of regional growth difference in china：The perspectiva of the quality of economic growth[J]. Journal of Service Science and Management，2016（9）：453-476.

[74] XU S，LIU Q，YANG J. Economic coordination development from the perspective of cross-regional urban agglomerations in China[J]. Regional Science Policy & Practice，2022，14

(S2), 36-59.

[75] XU S, LIU Q, YANG J. Sustainable and coordinated development: Green transition as a new driving force of regional economy[J]. Sustainable Development, 2024, 32 (1): 1013–1036.

[76] XUE L, ZOU H. Regularized rank-based estimation of high-dimensional nonparanormal graphical models[J]. The Annals of Statistics, 2012 (40): 2541–2571.

[77] Zhang C, Kong J. Effect of equity in education on the quality of economic growth: Evidence form China[J]. International Journal of Human Science, 2010 (7): 47-69.